APOLOGÉTICA EN DIEZ RESPUESTAS

Antonio Cruz
Rainer Siemens
Delmer Wiebe

Editorial CLIE
www.clie.es

EDITORIAL CLIE
C/ Ferrocarril, 8
08232 VILADECAVALLS
(Barcelona) ESPAÑA
E-mail: clie@clie.es
http://www.clie.es

APOLOGÉTICA EN DIEZ RESPUESTAS
ISBN: 978-84-17620-30-1
Depósito Legal: B 1160-2020
Teología cristiana
Apologética
Referencia: 225117

Sobre los autores

Antonio Cruz Suárez nacido en Jaén, España. Licenciado y Doctorado en Ciencias Biológicas por la Universidad de Barcelona. Doctorado en Ministerio por la "Theological University of America" de Cedar Rapids (Iowa). Ha sido Catedrático de Biología y Jefe del Seminario de Ciencias Experimentales. Ha recibido reconocimientos de la Universidad Autónoma de Honduras, Universidad Autónoma de Yucatán (México) y Universidad Mariano Gálvez de Guatemala. Profesor del Centro de Estudios

Teológicos en Barcelona. Es colaborador de FLET "Facultad Latinoamericana de Estudios Teológicos" en al área de Maestría. Ha impartido seminarios, conferencias y predicaciones en centenares de iglesias e instituciones religiosas en España, Estados

Unidos y toda Latinoamérica.

Frederik Rainer Siemens Dück nacido en Asunción, Paraguay. Es profesor de Antiguo Testamento, Teología Sistemática, Sectas y Movimientos Religiosos y Apologética en la Facultad de Teología de la UEP (CEMTA). Obtuvo su maestría en teología de la Facultad Teológica de Gießen (Alemania). Actualmente está cursando estudios doctorales en la Universidad de Amsterdam. Está casado con Renate y tienen un hijo (Thiago) y una hija (Tania).

Delmer Wiebe Willms nació en Filadelfia. Es profesor de Griego y Nuevo Testamento de la Faculta de Teología de la UEP (CEMTA). Posee una maestría en la STH de Basilea, donde actualmente cursa sus estudios doctorales. Casado con Andrea, tienen dos hijas Annina y Ángela.

ÍNDICE GENERAL

PARTE II: Rainer Siemens

PARTE III: Delmer Wiebe

Prólogo

Desde que existe el hombre existe la realidad del "conque Dios os ha dicho" (Génesis 3:1). Como remolque de esta primera duda, de esta confrontación primitiva entre fe y desconfianza, existe la necesidad de la apologética, tanto en forma defensiva como en forma ofensiva. Génesis 3 fue el prototipo de todas las situaciones apologéticas bíblicas. Cada vez que el pueblo del AT se encontraba con otros pueblos y religiones, existía una necesidad de apologética, como por ejemplo, durante la lucha de Elías con los sacerdotes de Baal (1 Reyes 18:21ss). La discusión de Pablo con los atenienses sobre el areópago (Hechos 17:16-34) es una de las apologías más conocidas del cristianismo.

El pasaje clave para el término es 1 Pedro 3:15, donde Pedro pide estar preparado para la *"apología"* ante todos frente al trasfondo de un pluralismo religioso e ideológico. La apologética tiene su fundamento en la Biblia. Es fe que se defiende y que no elude la confrontación. Tuvo su continuación en la historia de la Iglesia.

Apologética viene de la palabra griega *"apología"*, discurso de defensa, hacer una defensa. Se refiere a la realización del acto de defensa, defender, dar una respuesta. Originalmente se usó en el contexto de una defensa judicial formal. En la Iglesia cristiana se aplica a la controversia razonada de la fe cristiana con sistemas filosóficos e ideologías no cristianas de la actualidad de turno, contrarias a la Biblia.

La apologética se condensa en la defensa de la fe cristiana con argumentos racionales. En su deber la apologética es una irrenunciable manifestación de la vida de la Iglesia cristiana y de su misión. Aquí radica la fundamentación y la absoluta necesidad de la apologética, a pesar de su disminuida popularidad en la Iglesia y la educación teológica. Esto se debe al deseo de buscar armonía en lugar de confrontación y a la nueva relatividad de la verdad como también a la dificultad del discurso interdisciplinario entre la teología y la ciencia. Pero el siglo XXI, con los desafíos del pluralismo, del relativismo, de la diversidad religiosa sincretista, de la etnicidad y de la ideología de género, de la globalización, del diseño inteligente como nueva teoría del origen del mundo, de la ética mundial médica, la bioética y la ecológica, el deconstruccionismo, en una palabra, el postmodernismo, exige una apologética para el nuevo siglo, y una apologética bíblica para derribar los argumentos y cualquier pretensión que se oponga al conocimiento de Dios.

Su fundamento primordial y su autoridad concluyente es la Palabra de Dios. Se trata de la apologética bíblico-teológica. Todas las cosmovisiones, ideologías y filosofías se prueban en base a esta norma. La Biblia como revelación de Dios y la epistemología con sus componentes de razón, fe y experiencia legitiman la apologética teológica. Por esto se debe rechazar toda apologética moderna que parta de una cosmovisión inmanente, de que los sujetos a investigar son neutrales, objetivos e imparciales y que la razón es la norma universal. Por esto se debe rechazar la apologética postmoderna que relativiza la verdad absoluta, favorece el pluralismo religioso y busca solamente el diálogo entre las diferentes creencias. ¡Urge un apologética bíblica!

Dr. Helmut Siemens
Director del Centro Evangélico Mennonita de Teología Asunción (CEMTA)
Decano de la Facultad de Teología de la Universidad Evangélica del Paraguay

PARTE I
Antonio Cruz

CAPÍTULO 1
Lo que no explica el Nuevo ateísmo

La fe en Jesucristo y los valores para la vida del ser humano que de ella se desprenden, están siendo cuestionados y atacados en la actualidad. No solamente por parte de ciertos fanatismos religiosos, como el procedente de algunos grupos extremistas islámicos, sino también por otro tipo de fanatismo antirreligioso, el de unos intelectuales anglo-americanos que se hacen llamar: Los Cuatro Jinetes.

Me refiero a Richard Dawkins, Sam Harris, Christopher Hitchens y Daniel Dennett. No son los únicos, pero sí los más vehementes y significativos. Durante las últimas décadas, estos militantes del ateísmo radical han venido produciendo montones de best-sellers y DVDs con el único propósito de acometer contra la religión y, en particular, contra la visión cristiana de la vida.

Algunos de sus títulos más característicos traducidos al español son:

- El espejismo de Dios (Richard Dawkins);
- El fin de la fe (Sam Harris);
- Dios no es bueno (Christopher Hitchens) y
- Romper el hechizo (Daniel Dennett).

El biólogo Richard Dawkins escribe: "Si se acepta el argumento que se expone en este capítulo (4. Porqué casi seguro que no hay Dios), la premisa objetiva de la religión -la hipótesis de Dios- es insostenible. Casi seguro que Dios no existe. Esta es la conclusión principal del libro... (El espejismo de Dios, Espasa, 2015, p. 192)".

Por su parte, el filósofo Sam Harris escribe: "No necesitamos abrazar ningún mito para estar en comunión con la profundidad de nuestras circunstancias. No necesitamos adorar a ningún Dios para vivir extasiados por la belleza y la inmensidad de la creación. (...) Los días de nuestras identidades religiosas están claramente contados." (El fin de la fe, Paradigma, 2007, p. 227)".

El otro filósofo y economista, Christopher Hitchens, dice: "Dios no creó al ser humano a su imagen y semejanza. Evidentemente, fue al revés, lo cual constituye la sencilla explicación para toda esta profusión de dioses y religiones y para la lucha fratricida, tanto entre cultos distintos como en el seno de cada uno de ellos, que se desarrolla continuamente a nuestro alrededor y que tanto ha retrasado el progreso de la civilización. (Dios no es bueno, Debolsillo, 2014, p. 22)".

Y, por último, el cuarto jinete, el filósofo Daniel Dennett, afirma: "...el Dios que recompensa la bondad en el cielo es notablemente parecido al héroe de la canción popular 'Papá Noel viene a la ciudad'. (Romper el hechizo, Katz, 2013, p. 327)".

Es curioso, pero del gran número de libros escritos por creyentes que responden a estas obras ateas en inglés, solo un pequeñísimo porcentaje ha sido publicado también en nuestro idioma español. Existe un muro ideológico en las librerías que fomentan el ateísmo.

1.1. ¿Hay motivos para preocuparse por el Nuevo ateísmo?

En mi opinión, no y sí. Me explico. Si hacemos caso a los especialistas, sobre todo, a los filósofos y teólogos de prestigio, toda la propaganda que realizan estos predicadores del ateísmo se apoya en unos argumentos sumamente endebles. La calidad de sus razonamientos, cuando hablan de Dios, es bastante elemental. Desde semejante perspectiva, no habría por qué preocuparse ya que las razones que ofrecen, hace ya bastante tiempo que fueron bien replicadas y superadas por el pensamiento filosófico-teológico.

No obstante, como la cultura contemporánea valora más la cantidad que la calidad, lo divulgativo sobre lo académico, pienso que sí hay motivos para la preocupación. Muchas de estas publicaciones ateas han hecho que algunos creyentes, jóvenes y no tan jóvenes, pierdan su fe. Al sobreestimar la insistencia y la elocuencia de algunos de estos paladines del nuevo ateísmo por encima de la veracidad y la lógica de sus proposiciones, un cierto sector de la población actual sucumbe a los cantos de sirena del cientifismo descreído. Sobre todo los jóvenes universitarios. Y esto, sí me parece preocupante. Incluso los jóvenes cristianos, cuando llegan a universidades que no profesan la fe cristiana, y son enfrentados con las ideas ateas, muchos empiezan a dudar y pierden la fe, porque no tienen respuestas satisfactorias. Ni sus profesores, ni sus padres, ni algunos pastores aciertan a responder sus dudas, porque no están preparados y, por desgracia, muchos abandonan las iglesias.

Creo que en estos momentos todo esfuerzo argumentativo por parte de los creyentes, en defensa de la fe cristiana, resulta absolutamente necesario para paliar esta situación que se está viviendo en el mundo intelectual de

Occidente. Hoy, como siempre, estamos obligados a seguir realizando una apologética de calidad, una defensa de la fe que sea capaz de contrarrestar la perniciosa visión del mundo que se desprende del ateísmo. Esto me ha llevado a escribir el libro, Nuevo ateísmo (Clie, 2015).

Algunos agnósticos y ateos se quedan impresionados cuando un creyente común es capaz de identificar fallos en la lógica atea. La gente escucha al que emplea argumentos serios y, sobre todo, al que vive su fe con sinceridad. El cristiano evangelista que actúa así, pronto conseguirá mucha más credibilidad con sus interlocutores y por consiguiente, resultará más fácil abrir el camino para la predicación del Evangelio. No se trata de promover batallas dialécticas, ni personalismos publicitarios, sino de defender con amor, respeto y mansedumbre la verdad del Evangelio.

1.2. Premisas fundamentales del Nuevo ateísmo

1. No existe Dios, ni alma, ni vida después de la muerte.
2. La naturaleza se ha hecho a sí misma.
3. El universo carece de finalidad, propósito o sentido.
4. La ciencia puede explicar todo lo que existe por medio de la selección natural del darwinismo.
5. La fe en Dios es la causa de los principales males del mundo.
6. Las personas se comportan mejor sin fe que con ella.

Por todo esto, se propone que los gobiernos deberían acabar cuanto antes con cualquier religión y prohibirlas todas. Además habría que impedir a los padres que enseñaran valores y convicciones religiosas a sus hijos pues esto se consideraría maltrato infantil.

1.3. ¿Qué podemos decir los creyentes?

Lo que el Nuevo ateísmo entiende por "Dios" -cuando lo niega- no tiene nada que ver con lo que entienden la fe y la teología cristianas. Dawkins, por ejemplo, se refiere a las distintas opiniones humanas acerca de la existencia del Sumo Hacedor y propone un espectro de siete probabilidades que irían desde el teísmo fanático al ateísmo radical. Dice: "Vamos, pues, a tomar en serio la idea de un espectro de probabilidades y a colocar las opiniones humanas acerca de la existencia de Dios a lo largo de ese espectro, entre los dos extremos de certeza opuestos. (El espejismo de Dios, ePUB, p. 85)". El resultado de su encuesta es el siguiente:

1. Fuertemente teísta: "Yo no creo, yo sé" 100% de probabilidades.
2. Posibilidades muy altas pero inferiores al 100%: "No estoy seguro, pero creo"
3. Poco más del 50%: "Estoy muy dudoso, pero creo". Técnicamente agnóstico.
4. 50% Agnóstico imparcial.
5. Menos del 50%: "Agnóstico inclinado al ateísmo".
6. Muy pocas posibilidades. Algo más del 0%.
7. Fuertemente ateo: "Sé que no hay Dios".

Él se confiesa ateo de facto y se incluye en la sexta opinión: "No estoy totalmente seguro, más pienso que es muy improbable que Dios exista y vivo mi vida en la suposición de que Él no está ahí." (p. 86 de El espejismo de Dios, ePUB).

Pues bien, yo creo que esta manera de intentar resolver la existencia de Dios como un simple cálculo de probabilidades en función de lo que piensa la gente es el principal error que atraviesa toda la obra atea de Dawkins.

La existencia de Dios no es cuestión de probabilidades. Él existe o no existe. No podemos tratarlo como si se fuese un ser físico o un fenómeno perteneciente al mundo natural. Lo que entra en el ámbito de las probabilidades son aquellas cosas que se consideran contingentes, es decir, que no tienen por qué existir necesariamente. De hecho, todo es contingente menos Dios que es necesario.

El universo existe pero podría no haber existido, por tanto es contingente. Pero Dios, si existe, es necesario y eterno por definición. Esta matización, desde luego, no demuestra que su existencia sea real, pero deja claro que existir eternamente y ser Dios son conceptos inseparables. Por tanto, es tan absurdo preguntarse "¿cuál es la probabilidad de que Dios exista?" como cuestionarse "¿cuál es la probabilidad de que los gnomos (=enanitos) del bosque lleven un gorro rojo?". Otra pregunta incoherente que se formula el Nuevo ateísmo es: ¿Quién diseñó al Diseñador? ¿Quién creó a Dios?

La hipótesis de un 'Diseñador diseñado' está cargada de una suposición inaceptable, a saber, que Dios es creado. Es como hablar de un círculo cuadrado, de un soltero casado o de una mitad entera. Son dos conceptos mutuamente excluyentes. En el momento en que empezamos a hablar de un Dios creado, estamos refiriéndonos a un *no dios*, o en términos cristianos, a un ídolo.

No hay tal cosa como un Dios creado. Dios es -por definición- eterno y por lo tanto, no creado. No es sorprendente que Dawkins no crea en Dios, si el Dios en el cual no cree es un Dios creado. No existe ningún cristiano que crea en dioses creados. Por tanto, el libro de Dawkins, en vez de titularse: *El espejismo de Dios*, debería llamarse *El espejismo de los dioses creados.* ¡El dios de Dawkins sí es un espejismo, ya que no existe!

1.4. ¿Es posible demostrar la existencia de Dios?

No, no se puede demostrar. Si así fuera no habría ateos. Si se pudiera demostrar a Dios matemáticamente, o mediante razonamientos filosóficos, todo el mundo sería creyente. Pero sabemos que no es así. Entonces, ¿por qué hablar de pruebas o argumentos sobre la existencia de Dios? ¿Qué decir de todos los razonamientos generados a lo largo de la historia para demostrarla? Como por ejemplo las cinco vías de Tomas de Aquino, el argumento teleológico, el cosmológico, el primer motor móvil, etc. Yo creo que tales argumentos son útiles para expresar ciertas intuiciones fundamentales, pero no pueden ser considerados como "pruebas irrefutables" de la realidad de Dios.

La ciencia humana no puede demostrar o negar a Dios. Con la divinidad no es posible formular hipótesis, hacer cálculos de probabilidades -como pretende Dawkins- o elaborar teoremas. La existencia de Dios es presupuesta, más bien, por todos los fenómenos que se dan en el universo. Si no existiera Dios, no habría nada de nada. Ni leyes físicas que regulan el funcionamiento del cosmos, ni fenómenos naturales que permiten la vida, ni científicos que investigan, ni filósofos que piensan, ni posibilidad de razonar y conocer.

Si la ciencia no puede decir nada sobre Dios, ¿por qué el Diseño inteligente afirma que hay una mente sabia creadora del universo? El método científico no puede experimentar con Dios, pero esto no significa que la ciencia no pueda proporcionar evidencias, que pueden ser interpretadas, a favor de la posibilidad de la existencia de Dios. En cambio, el razonamiento filosófico -aparte de la ciencia- sí puede trabajar con la idea de Dios y mostrar realidades del universo que solo pueden ser explicadas si existe una mente inteligente que las ha diseñado.

Ahora bien, ¿es posible convencer a quien no quiere creer? ¿qué autoridad tiene la Biblia para un ateo? Yo creo que no es conveniente emplear la Biblia para discutir con los no creyentes puesto que éstos, al no aceptar su inspiración divina, no consideran que tenga ninguna autoridad. Decir, por ejemplo, que el Antiguo Testamento profetiza correctamente sobre la vida de Jesucristo, no le sirve de mucho a una persona que considera los libros del A. T. como una colección de leyendas inventadas por los judíos. La Biblia es útil cuando ya se acepta que es Palabra de Dios. Pues bien, teniendo esto en cuenta, ¿cómo podemos argumentar a favor de Dios desde la razón humana, que es lo que ellos reconocen?

El apóstol Pablo escribe en Romanos 1:20: "Porque las cosas invisibles de él, (Dios) su eterno poder y deidad, se hacen claramente visibles desde la creación del mundo, siendo entendidas por medio de las cosas hechas, de modo que no tienen excusa". Veamos pues algunas de estas "cosas hechas", a que se refería el apóstol Pablo, que pueden permitirnos "visualizar" las huellas del Dios creador.

1.5. Lo que no explica el Nuevo ateísmo

Cinco "cosas hechas" (o características humanas) que solo pueden ser explicadas si Dios existe: la racionalidad, la vida, la conciencia, el pensamiento simbólico y el "yo" humano.

1.5.1. La racionalidad:

¿Qué es la racionalidad? Aquello que está dotado de razón. El universo está dotado de razón. El mundo está hecho con racionalidad, por eso podemos estudiarlo y comprenderlo. Pues bien, solo puede haber racionalidad en el universo si ésta se basa en una racionalidad última. Es decir, en una mente inteligente que lo ha hecho todo con sabiduría. ¿Cómo se hace evidente en el mundo esta mente inteligente que llamamos Dios? Mediante cosas tan extraordinarias como nuestra capacidad de conocer y poder explicar las verdades. Mediante la relación que hay entre el funcionamiento de la naturaleza y nuestra manera abstracta de explicarnos tal funcionamiento (incluso por medio de las matemáticas).

Las leyes naturales podemos expresarlas en números. El papel de los códigos, de los sistemas de símbolos que actúan en el mundo físico, como el código genético, el neuronal o el de las histonas en el ADN. Todo esto manifiesta que la racionalidad lo empapa todo y está en el origen de todo. La existencia de esta racionalidad no puede ser explicada si no existe una mente infinita que sea el origen de todo. El universo es racional y refleja el orden de la mente suprema que lo gobierna. La realidad de la racionalidad no se puede eludir apelando a la selección natural de las mutaciones aleatorias, como hacen los nuevos ateos. Porque, aun admitiendo que la selección natural fuera la causa de todos los seres vivos como propone la teoría de la evolución, este mecanismo físico presupone la existencia de organismos que interactúan según leyes determinadas y con arreglo a un código genético que posee mucha información.

Hablar de selección natural es asumir que existe alguna lógica en lo que ocurre en la naturaleza, que hay racionalidad en la adaptación de las especies, y que nosotros somos capaces de entender esa lógica y esa racionalidad. Pero decir que la sola evolución ciega, por medio de la selección natural no inteligente, convirtió la materia inerte en seres humanos es como afirmar que una mesa de mármol después de miles de millones de años será capaz de adquirir conciencia y reflexionar acerca de ella misma. ¡Esto es algo absolutamente inconcebible!

Pero la posición atea, sin embargo, es que en algún momento de la historia del universo, lo imposible ocurrió por casualidad y sin la intervención de ninguna inteligencia superior. Yo creo, por el contrario, que Dios es la racionalidad última que subyace en cada dimensión del mundo y de los seres vivos.

1.5.2. La vida:

La vida es la segunda cosa que solo puede ser explicada si hay Dios. Los organismos vivos de la Tierra y el propio ser humano se caracterizan sobre todo por cuatro cosas:

1) Son agentes que actúan y que sus acciones dependen de ellos mismos. (Un león, por ejemplo, no necesita el permiso de nadie para cazar una cebra).

2) Sus acciones están orientadas hacia fines concretos (el fin de alimentarse, sobrevivir, emparejarse, etc.)

3) Pueden reproducirse y dejar descendientes semejantes a ellos mismos. (El misterio de la reproducción es una realidad habitual en ellos) y

4) Su existencia depende de ciertos códigos, reglas, leyes, energía, materia, lenguajes, información, control. (Poseen en las células de su cuerpo información inteligente que les permite vivir como lo hacen).

Richard Dawkins, es el único representante del Nuevo ateísmo que aborda el asunto del origen de la vida, y reconoce que este tema está todavía por resolver. Sin embargo, cree que la vida surgió por azar en el universo, en un planeta de cada mil millones. ¡Es decir, la vida habría surgido nada menos que en mil millones de planetas por todo el universo, de los que la Tierra solo es uno más!

Este enfoque de Dawkins es manifiestamente inadecuado porque se parece más a un ejercicio de superstición que a un razonamiento científico. Según su pretensión, cualquier cosa que deseemos puede existir en algún sitio, con tal que invoquemos "la magia de los números". "Si se dispone de tiempo, lo imposible puede suceder". Obviamente este argumento no es científico y no nos puede convencer. ¡Porque si una cosa es imposible (como la aparición de la vida por azar), seguirá siendo imposible por muchos miles de años o de planetas que se le añadan!

1.5.3. La conciencia:

El tercer fenómeno que no puede ser explicado sin Dios es la conciencia. Los seres humanos somos conscientes y, además, somos conscientes de que somos conscientes. Nadie puede negar esta realidad, aunque algunos lo intenten.

El filósofo ateo Daniel Dennett dice que ser conscientes es una cuestión que carece de interés y que no debería preocuparnos, ya que no se puede resolver. Según su opinión, las máquinas llegarán también a ser conscientes porque nosotros mismos solo somos máquinas conscientes con neuronas. El problema es que cuando observamos la naturaleza de las neuronas vemos que no tienen ningún parecido con nuestra vida consciente. Las propiedades físicas de estas células nerviosas no ofrecen ninguna razón para creer que sean capaces de producir conciencia.

Es verdad que la conciencia está asociada a ciertas regiones del cerebro, pero cuando las mismas neuronas están presentes en la médula espinal (o en el troco encefálico), no hay ninguna producción de conciencia.

Solo una fe ciega e infundada en la materia permite creer que ciertos trozos de ella pueden "crear" una nueva realidad, la conciencia, que no tiene el menor parecido con la materia.

Los ordenadores o las computadoras pueden resolver problemas pero no saben lo que están haciendo. Esta es la diferencia fundamental entre las máquinas y las personas. Decir que una computadora "entiende" lo que está haciendo es como decir que un cable alimentador puede meditar sobre la libertad humana, o que un reproductor de CD's o un MP3 comprende y disfruta de la música que hace sonar. Sin embargo, los seres humanos somos conscientes de lo que hacemos y de por qué lo hacemos. ¡La mayor parte de los teóricos del Nuevo ateísmo reconoce que no poseen una explicación satisfactoria para el problema de la conciencia!

1.5.4. El pensamiento simbólico:

Más allá de la conciencia, se encuentra el fenómeno del pensamiento, de la comprensión, de la captación de significado. Detrás de nuestros pensamientos, de nuestra capacidad de comunicarnos, de nuestro uso del lenguaje, hay un poder milagroso. Es el poder de darnos cuenta de las diferencias y de las semejanzas; el poder de generalizar y universalizar:

lo que los filósofos llaman "elaborar conceptos universales". Por ejemplo, yo sé en qué consiste ese sentimiento concreto que siento hacia mi esposa, (amor conyugal) pero también puedo pensar en el concepto de "amor" en abstracto, sin relacionarlo con ninguna persona concreta. Y esto es algo connatural a los seres humanos y desconcertante.

¿Cómo es que desde niños somos capaces de pensar en el color rojo sin necesidad de pensar en una cosa roja concreta? El color rojo no existe por sí mismo, independientemente de los objetos rojos. Estamos empleando continuamente el pensamiento abstracto sin darnos cuenta. Pensamos cosas que no son físicas, como la idea de libertad, de verdad, de perdón, o la misericordia de Dios, y no le damos importancia. Pero esta capacidad humana de pensar por medio de conceptos abstractos, es algo que trasciende la materia. Podríamos decir que nuestras neuronas, o nuestro propio cerebro, no entienden nada. Y que somos nosotros quienes entendemos. Es nuestra "conciencia" quien comprende, no nuestras neuronas. ¿Por qué las neuronas de la médula espinal no generan conciencia? El acto de comprender es un proceso físico en su ejecución (porque depende de las neuronas del cerebro), pero espiritual en su esencia. Y este acto es indivisible en la persona humana. No se puede descomponer en partes para explicarlo.

1.5.5. El "yo" humano (o el centro de la conciencia):

Curiosamente, el dato que pasan por alto los nuevos ateos es el más evidente de todos: ellos mismos. Una vez que admitimos que existe un "yo" personal nos encontramos ante el mayor de los misterios. Yo soy, yo pienso, yo percibo, yo deseo, yo actúo... Pero, ¿quién es este yo? ¿Dónde está? ¿Cómo llegó a existir? Nuestro "yo" no es algo solamente físico. No somos solo un cuerpo. Pero tampoco somos algo solo espiritual. ¿Qué somos entonces? Somos un "yo" encarnado, un cuerpo con alma. Yo no estoy en una célula específica de mi cerebro, de mi corazón o en alguna otra parte de mi cuerpo. Ninguna de mis neuronas tiene la propiedad de ser mi "yo". Mis células están cambiando continuamente y, a pesar de ello, "yo" sigo siendo el mismo.

El científico sueco, Jonas Frisen, cree que la edad media de todas las células de un cuerpo adulto puede ser de entre 7 y 10 años. Los glóbulos rojos solo viven unos 120 días, las células que recubren el estómago y las de la epidermis un par de semanas. Cada tejido tiene su tiempo de renovación. Solo las neuronas de la corteza cerebral, y pocas más, parece que duran hasta la muerte. Pero la conciencia no se explica por medio de las neuronas. Pues bien, aunque nuestro cuerpo cambia cada diez años, nuestro "yo" permanece.

Ser persona humana es tener cuerpo y alma. (El "yo" tiene dimensión corporal, anímica y espiritual). Es una unidad psicosomática. La existencia del "yo personal del hombre" es la realidad más evidente, pero también más inexplicable para la ciencia. No podemos analizar el yo, porque no es un estado mental que pueda ser observado o descrito científicamente. El "yo humano" no puede ser explicado en términos físicos o químicos. La ciencia no descubre el yo, es más bien al revés, es el yo quien descubre la ciencia.

Conclusión

¿Cómo llegaron, pues, a existir la racionalidad, la vida, la conciencia, el pensamiento y el yo? La única forma coherente de describir todos estos fenómenos es reconocer que están por encima de las realidades físicas, a las que la ciencia humana tiene acceso.

Aunque el Nuevo ateísmo no se ha enfrentado seriamente al problema del origen de la racionalidad, la vida, la conciencia, el pensamiento simbólico y el yo, la respuesta es evidente. Lo metafísico (o espiritual) solo puede proceder de una fuente metafísica. Todas estas características humanas solamente pueden tener su origen en lo divino, consciente y pensante. Es inconcebible que la materia, por sí sola, sea capaz de generar seres que piensan y actúan. Por tanto, desde el nivel de la razón y de nuestra experiencia cotidiana, podemos llegar a la conclusión de que el mundo de los seres vivos, conscientes y pensantes debe tener su origen en una Fuente viviente, que nosotros consideramos como la mente de Dios.

No es erradicando la religión como vamos a terminar con el terrorismo en el mundo, sino como propuso Ángela Merkel: "Volviendo a la Iglesia y a la lectura de la Biblia" (16.11.2015). Como dijera el apóstol Pablo en su discurso en el Areópago de Atenas (Hch. 17:24-28): *El Dios que hizo el mundo y todas las cosas que en él hay.. de una sangre ha hecho todo el linaje de los hombres… para que busquen a Dios, si en alguna manera palpando, puedan hallarle, aunque ciertamente no está lejos de cada uno de nosotros. Porque en él vivimos, y nos movemos, y somos.*

Todos los seres humanos tenemos a nuestra disposición, en nuestra experiencia cotidiana, la evidencia necesaria para llegar a creer en Dios. El ateísmo, el deseo de negar la realidad de Dios, se debe solo a una resistencia deliberada a la fe. Sin embargo, a Dios se llega por medio de la fe, según Hebreos 11:6: *Pero sin fe es imposible agradar a Dios; porque es necesario que el que se acerca a Dios crea que le hay, y que es galardonador de los que le buscan.*

La Biblia no está interesada en demostrar la existencia de Dios mediante pruebas metódicas. La existencia del Altísimo se da como evidente, como una creencia natural del ser humano. Porque la fe, aunque pueda apoyarse en los datos de la razón, no surge necesariamente de un proceso demostrativo. La doctrina cristiana enseña claramente que la fe, esa capacidad para creer aquello que está más allá de la razón humana, es un don de la gracia divina. *Porque por gracia sois salvos por medio de la fe; y esto no de vosotros, pues es don de Dios"* (Ef. 2:8).

La fe es, por tanto, el don de Dios que viene a justificar al ser humano. Dios habla, aparece; el hombre escucha y contempla. Dios se acerca al ser humano; acuerda un pacto o inicia relaciones especiales con él; le da mandamientos. Y la persona lo recibe cuando se acerca a Dios, cuando se abre a la divinidad, cuando acepta su voluntad y obedece sus preceptos.

La Biblia no presenta jamás a Moisés, a los profetas o a los apóstoles en actitud pensante, como si fueran filósofos, elucubrando sobre el Invisible y llegando a conclusiones filosóficas con respecto a él. Es justamente al revés: el Dios Invisible se manifiesta ante ellos, y ellos descubren su don. Pero solo cuando el ser humano deja de resistirse a Dios, el don de la fe puede florecer en su alma.

CAPÍTULO 2
A Dios por el ADN

Entonces Jehová Dios formó al hombre del polvo de la tierra, y sopló en su
nariz aliento de vida, y fue el hombre un ser viviente. (Gn 2:7).

Según el escritor del libro bíblico de Génesis, Dios creó al ser humano del polvo de la tierra. En el año 1929, el astrónomo norteamericano, Harlow Shapley, dijo que los seres humanos estábamos hechos de la misma materia que las estrellas. De ahí que otro astrónomo, mucho más famoso, Carl Sagan, pronunciara años después aquella frase tan poética de que "somos polvo de estrellas". ¿Qué quiso decir Sagan con esto? Pues que los elementos químicos que componen nuestro cuerpo y el del resto de los seres vivos se encuentran también en las rocas de la tierra, en el polvo y en los astros del universo.

Hoy, la astronomía y la cosmología creen que las estrellas son las fábricas de todos los átomos que constituyen la materia. Se sabe que cada segundo el Sol produce 695 millones de toneladas de helio a partir del hidrógeno. Otras estrellas más grandes que el Sol generan carbono (C), silicio (Si), aluminio (Al) o hierro (Fe), en función de los miles de millones de grados de temperatura que pueda alcanzar su núcleo. Cuando se quema (o fusiona) todo el combustible de una estrella, ésta puede quedarse simplemente como una masa inerte (enana blanca) o bien puede estallar violentamente (supernova) y expulsar al espacio todos los elementos químicos que contenía.

Se cree que tales elementos pudieron agruparse después y formar planetas como la Tierra. Y del polvo de la Tierra surgieron nuestros propios cuerpos. Este sería pues, según la ciencia actual, el origen del oxígeno, el carbono, el hidrógeno, el nitrógeno, el fósforo o el azufre que forman la materia viva. De manera que cuando tomamos una lata de cualquier refresco, podemos pensar que los átomos de aluminio que la componen se formaron en el interior de una antigua estrella gigante, a 1.500 millones de grados de temperatura. Y lo mismo se puede decir de los átomos de hierro que hay en la hemoglobina de nuestra sangre, o del flúor de nuestros huesos y dientes, o del fósforo que forma parte del ADN, etc. Es decir que Dios nos formó del polvo de la tierra.

2.1. Dios y el origen de la materia

Sin embargo, muchos se refieren hoy a este popular dicho: "somos polvo de estrellas" con la intención de negar la realidad de un Dios creador y la dimensión trascendente del ser humano. Como si el Sumo Hacedor no hubiera podido crear los átomos de la materia por medio de los hornos naturales que hay en los núcleos de las estrellas. Así lo hacía en su tiempo Carl Sagan, y así lo siguen haciendo hoy muchos otros, que piensan que el origen del materia es fruto del azar ciego. Sin embargo, cuando se analiza detalladamente la estructura íntima de un simple átomo sorprenden el orden, la precisión, la previsión y el designio que evidencia. Según la teoría del Big Bang, los primeros átomos de hidrógeno y de helio fueron creados a partir de la nada y posteriormente, al agruparse en estrellas, dieron lugar a todos los demás elementos químicos. Pero todo eso no fue al azar, como creen algunos, sino exquisitamente programado.

El término "Big Bang" o "Gran Explosión" puede inducir a error en este sentido. No fue una explosión caótica y destructiva, como las que se producen cuando estalla una bomba, sino todo lo contrario. Fue la creación de complejidad y orden meticulosamente calculados por una Mente inteligente. Si nos maravilla la física cuántica, al mostrar que a partir de unas pocas partículas subatómicas (electrones, protones, neutrinos, quarks, etc.) salen todos los elementos químicos que forman la inmensa variedad de las moléculas del universo, desde los silicatos de las rocas a las proteínas de los seres vivos, ¿qué diremos de la información y programación que hay en el ADN, que es capaz de convertir una célula microscópica en un ser humano? Un montón de ladrillos no es una casa. Una agrupación de protones y neutrones no es un átomo de carbono. Un puñado de átomos no es una persona.

Es evidente que la simple acumulación de partículas no es lo que les da a los seres su identidad y sus propiedades. Se necesita una información, una orientación, una coordinación, una mente inteligente que ordene y acople todos los elementos de la manera adecuada, siguiendo un plan previo. Pues bien, todo esto muestra la inteligencia del Creador, que ha programado y diseñado todas las partículas elementales para formar átomos, moléculas, células, órganos, plantas, animales y seres humanos.

Tal como escribe el salmista: *Oh Señor, cuán numerosas son tus obras! ¡Todas ellas las hiciste con sabiduría! ¡Rebosa la tierra con todas tus criaturas!* (Sal. 104:24). Hace muchos años que empecé a interesarme por estos temas científicos, desde la perspectiva apologética. Recuerdo a mi antiguo pastor y maestro, Samuel Vila, cuando nos hablaba de estas cosas, en la escuela bíblica infantil. Él escribió un librito a finales de los 50 que se titulaba así: *"A Dios por el átomo"*, del que se hicieron después muchas ediciones. Confieso que hoy, casi 60 años después, ese título me ha inspirado, el de mi último libro: "*A Dios por el ADN*", saltando así de la física a la biología.

En aquella obra, Vila se preguntaba: "¿Cómo podemos imaginarnos el origen de los átomos? ¿Qué fuerza impulsa a los electrones alrededor de su núcleo de neutrones? ¿Por qué razón se han agrupado de formas diferentes para formar diversas clases de materia física?" Hoy sabemos que los átomos son verdaderos sistemas planetarios en miniatura, pero ¿por qué razón son diversos estos núcleos y los electrones que los circundan?[1]

Y respondía: *cuanto más profundizamos en el conocimiento de la materia (…) más y más admirable se hace el Creador, mostrándonos una Ciencia previsora desde el fundamento mismo de todas las cosas*.[2] Además de la singular estructura electrónica de los átomos, lo que más maravilla hoy a muchos científicos y pensadores es cómo un puñado de tales átomos son capaces de constituir moléculas como el ADN o el ARN, que contienen los planos (o la información necesaria) para producir todos los seres vivos de este planeta.

2.2. La singularidad de la molécula de ADN

El filósofo británico de la Universidad de Oxford, Antony Flew (1923-2010), quien fue el representante principal del ateísmo filosófico anglosajón de la segunda mitad del siglo XX, anunció en el año 2004 su conversión intelectual al deísmo. Es decir, a la idea de que la razón y su experiencia personal le habían conducido a creer en la existencia de un Dios sabio que ha creado el universo y la vida. A los 84 años escribió el libro *Dios existe* (Trotta, 2013), en el que explica las razones de su cambio de postura.

En esta obra escribe: *La cuestión filosófica que no ha sido resuelta por los estudios sobre el origen de la vida es la siguiente: ¿cómo puede un universo hecho de materia no pensante producir seres dotados de fines intrínsecos, capacidad de autorreplicación y una "química codificada"?* (p. 110). Y dos páginas después responde: *La única explicación satisfactoria del origen de esta vida "orientada hacia propósitos y autorreplicante" que vemos en la Tierra es una Mente infinitamente inteligente.* (p. 115).

¿Qué es lo que llevó a este ateo famoso a creer en Dios? Entre otras cosas, la existencia de una "química codificada" en los seres vivos. Es decir, una química como la de la molécula de ADN. A principios del siglo XX, se creía que estas cuatro bases nitrogenadas (adenina A, timina T, citosina C, y guanina G) se daban siempre en cantidades iguales en el interior del ADN, por lo que la estructura molecular debía ser repetitiva, constante y

1. Vila, S. 1959, *A Dios por el átomo*, Clie, Terrassa, pp. 33-34.
2. *Ibid.*, p. 35.

sin interés. No cabía la posibilidad de que dicha molécula fuera la fuente de la información necesaria para ser la portadora de la herencia.

Sin embargo, a finales de los 40 estas ideas empezaron a desmoronarse con los trabajos de Erwin Chargaff,[3] de la Universidad de Columbia, quien demostró que las frecuencias de las bases nitrogenadas podían diferir entre las especies. Chargaff se dio cuenta de que el número de timinas era siempre igual al de adeninas, de la misma manera que el de citosinas es igual al de guaninas. Lo que cambiaba en las diferentes especies era la proporción entre los grupos timina-adenina (T-A) y citosina-guanina (C-G). Y esto le proporcionaba a la molécula el alto grado de variabilidad, aperiodicidad y especificidad necesario para poseer la información genética de la vida. De la misma manera que las letras de cualquier texto literario comunican la información impresa que su escritor ha querido darles, o las notas de una partitura contienen la información musical que el compositor ha creado, también las cuatro bases del ADN contienen la información biológica necesaria para formar cualquier especie, desde los microbios a las ballenas azules.

El ADN se utiliza en las células como código para producir proteínas, y estas proteínas son vitales para respirar, alimentarse, eliminar residuos, reproducirse y todas las demás actividades que caracterizan a los seres vivos. De manera que las cuatro bases nitrogenadas actúan como las letras de un alfabeto. En vez de formar palabras con significado, forman genes con significado. Los humanos heredamos de nuestra madre *más de* 3.000 millones de bases y otro tanto de nuestro padre.

Si suponemos que la molécula de ADN que existe en el núcleo de cada célula de una persona es como una escalera en la que cada dos bases representan un travesaño o peldaño, y que el siguiente está a unos 25 cms. Esta escalera tendría unos 75 millones de kilómetros, aproximadamente la distancia que separa la Tierra de Marte. *¿Es razonable creer que dicha escalera -con toda la información biológica para hacernos como somos- se ha formado por casualidad? ¿Qué toda esa información codificada ha sido creada por el azar ciego y sin ninguna planificación previa inteligente?* Esta es precisamente la visión naturalista que se enseña hoy a millones de alumnos por todo el mundo. No hay peor ciego que el que no quiere ver y no hay peor sordo que el que no quiere oír. O, como escribió el profeta Isaías (43:8): el *pueblo ciego que tiene ojos, y los sordos que tienen oídos.*

2.3. El mal llamado ADN basura

Durante el siglo XX, los científicos pensaban que había dos clases de ADN en nuestras células. Uno bueno, con función conocida, que era muy

3. Chargaff, E., 1963, *Essays on Nucleic Acids,* Amsterdan, Elsevier, p. 21.

importante para la vida puesto que contenía la información para producir las proteínas, y otro malo, aparentemente sin función. Tan malo que se le llamó "ADN basura" ya que, al no producir proteínas, se pensó que tampoco servía para nada más. Algunos decían que se trataba de trozos de ADN antiguo, que quizás habían tenido alguna función en nuestro pasado evolutivo, pero que en el presente ya no servían para nada. Cuando se completó la secuenciación de genoma humano, en el año 2001, se descubrió que más del 98% de nuestro ADN era "basura" que no formaba proteínas. Solo el 2% restante servía para fabricar todas nuestras proteínas. Esto era algo que resultaba notablemente sorprendente. Era como si en una pequeña fábrica de automóviles, que tuviera cien empleados, solo trabajaran dos personas montando los autos, mientras las 98 restantes estuvieran sentadas mirando sin hacer nada.

Hoy sabemos, no obstante, que aunque el "ADN basura" no codifique proteínas hace, sin embargo, mil cosas diferentes y necesarias para el buen funcionamiento celular. Los 98 operarios no están inactivos. Es verdad que no montan coches, pero hacen otras muchas cosas para que la fábrica funcione bien. Cosas como, por ejemplo, obtener financiación, llevar la contabilidad, promocionar los autos, tramitar los salarios de los empleados, limpiar la fábrica y los aseos, vender los coches, etc., etc. Algo parecido a esto es lo que hace el "ADN basura" en nuestro genoma.

Continuamente se le están descubriendo nuevas funciones. No forma proteínas pero tiene importantes funciones de regulación: impide que el ADN se deshilache y dañe; forma estructuras de anclaje en los cromosomas durante la división celular; ayuda a fabricar el ARN; también posee aspectos negativos. Algunos ADN basura son intrusos genéticos de virus que están dormidos pero pueden despertar y producir cáncer (las células han desarrollado mecanismos para mantenerlos en silencio, pero con la madurez pueden romperse tales mecanismos). También regulan la expresión de los genes (interruptores). Algunas enfermedades genéticas están causadas por mutaciones en el ADN basura (distrofia miotónica, etc.).

Es curiosa esa actitud, demasiado común en biología, de pensar que si no se conoce algo es porque no hay nada que conocer. Hoy se ha descubierto que el mal llamado ADN basura juega un papel vital e inesperado en el control de la expresión génica. Muchos genetistas creen que es, ni más ni menos, la fuente de la complejidad biológica humana. Si existe un Dios sabio que nos ha creado en base a un plan inteligente, lo lógico sería esperar que el 98% de nuestro ADN sirviera para algo y que, de ninguna manera, fuera "basura genética". ¡Y esto es precisamente lo que se ha descubierto! Cada vez son más los genetistas que piensan que la singularidad biológica humana reside precisamente en nuestro ADN basura.

2.4. ¿Es posible explicar el origen de la información del ADN desde el naturalismo?

No, no es posible. Aunque desde el naturalismo científico se ha intentado, y se sigue intentando todavía hoy, dar una respuesta que no involucre la necesidad de un Diseñador.

2.4.1. Solo el puro azar:

Durante bastante tiempo, los estudiosos del origen de la vida en la Tierra creyeron que éste debió ser un acontecimiento extraordinariamente improbable que ocurrió una sola vez como consecuencia del azar. En este sentido, el premio Nobel de Fisiología y Medicina, Jacques Monod, escribió en 1970 aquella famosa frase: *El Universo no estaba preñado de vida, ni la biosfera del hombre. Nuestro número salió en el juego de Montecarlo. ¿Qué hay de extraño en que, igual que quien acaba de ganar mil millones, sintamos la rareza de nuestra condición?*.[4]

Hoy, sin embargo, la mayor parte de los estudiosos del origen de la vida creen que resulta matemáticamente imposible que ésta se originara exclusivamente como consecuencia de la casualidad. Ya que, si se tiene en cuenta que hay 20 aminoácidos distintos en las proteínas, la probabilidad de obtener por azar una proteína funcional pequeña de cien aminoácidos sería de una entre diez elevado a ciento treinta (10^{130}). Semejante cantidad se convierte en una imposibilidad real cuando se compara con el número total de átomos que posee nuestra galaxia, la Vía Láctea, que, según estimaciones cosmológicas, es aproximadamente de diez elevado a sesentaicinco (10^{65}).

Obtener una pequeña proteína natural por casualidad sería el doble de difícil que hallar un minúsculo átomo de hidrógeno, teñido de rojo, en un imaginario bombo de la lotería, constituido por todos los átomos materiales que hay en la galaxia. Algo completamente absurdo. Por eso, la mayor parte de los científicos especializados en el tema abandonaron el azar como explicación para el origen de la información biológica.

2.4.2. Selección natural prebiótica:

Aparte del azar, muchos investigadores han venido creyendo en misteriosas fuerzas de la naturaleza que hubieran podido ejercer una selección natural de los compuestos químicos favorables a la vida. En este sentido

4. Monod, J., 1977, *El azar y la necesidad*, Barral, Barcelona, p. 160.

se han propuesto numerosas hipótesis para el origen natural de la vida. Algunas de las más famosas son:

1) Los coacervados proteicos de Oparin (década de los 20): que habrían originado las primeras células.

2) El caldo primordial de Haldane (década de los 20): que habría formado las primeras macromoléculas.

3) El experimento de Miller-Urey (1952): en el que se obtuvieron algunos aminoácidos.

4) Los *proteinoides* y *microsferas* de las fuentes hidrotermales de Fox (principios de los 60): estas microsferas se habrían convertido en células junto a los volcanes y fuentes calientes.

5) La teoría de que "primero fueron los genes" de Muller generó mucha polémica por parte de quienes creían que "primero fue el metabolismo".

6) La teoría de las fumarolas abisales (Wächstershäuser, años 80).

7) La teoría de la playa radiactiva, formulada por Zachary Adam: las fuertes mareas concentrarían el uranio radiactivo en las playas y allí surgió la vida.

8) La teoría de la arcilla (Graham Cairns-Smith, en 1985): las moléculas orgánicas pudieron desarrollarse a partir de un molde como los cristales de silicato del barro arcilloso.

Hoy, podemos decir que todas las hipótesis sobre el origen natural de la vida se encuentran en un auténtico callejón sin salida. Es una cuestión que la ciencia no ha podido responder. Además, tal como señaló en su día el gran genetista ruso, Theodosius Dobzhansky, uno de los fundadores de la teoría sintética de la evolución: *la selección natural prebiológica es una contradicción de términos.*[5] Puesto que solo se pueden seleccionar aquellas entidades que se reproducen, no las moléculas que no lo hacen. Ante este dilema fundamental, muchos investigadores consideran hoy que la selección natural prebiótica es tan inadecuada como el azar para explicar el origen de la vida.

5. Dobzhansky, T., 1965, "Discussion of G. Schramm's Paper", *The Origins of prebiological Systems and of Their Molecular Matrices*, ed. S. W. Fox, New York: Academic Press, p. 310.

2.4.3. Enigmáticas leyes de autoorganización en las moléculas:

Algunos científicos (Prigogine, Kauffman, Kenyon, etc.) pensaron, más tarde, que quizás existía algún tipo de enlace, o determinada tendencia no descubierta, entre los átomos que constituyen los aminoácidos, o en el enlace peptídico, o entre los nucleótidos del ADN y ARN, que les obligara a unirse de manera no solo compleja sino también específica. Sin embargo, después de mucho estudio, los actuales conocimientos de la bioquímica demuestran que no existen fuerzas autoorganizativas misteriosas en las moléculas de los seres vivos, que sean capaces de explicar la notable especificidad y complejidad que poseen el ADN, el ARN y las proteínas.

2.4.4. El mundo de ARN:

Como se comprobó que la molécula de ADN no era una buena candidata para generar originalmente la vida, -puesto que requiere de las proteínas para duplicarse y éstas necesitan de la información del ADN para formarse-, se pensó en el ARN como posible candidato. Se propuso así la hipótesis de "el mundo del ARN". Sin embargo, esta teoría presenta también numerosos inconvenientes. ¿Cómo pudieron formarse por primera vez las moléculas del azúcar ribosa, el ácido fosfórico y las bases nitrogenadas (adenina, citosina, uracilo y guanina) que constituyen el ARN? ¿Cómo han podido ordenarse los nucleótidos a sí mismos para lograr tales estructuras moleculares tridimensionales que determinan su funcionalidad? ¿Cómo a partir del ARN hubieran podido surgir las sofisticadas células actuales que requieren, casi exclusivamente, de las proteínas para funcionar adecuadamente?

La teoría del mundo de ARN no responde a nada de esto. Es más, incluso aunque se consiguiera alguna vez crear una molécula de ARN replicante en el laboratorio, lo que se demostraría en realidad es que se necesita un diseño inteligente previo para lograrlo. El azar por sí solo no es suficiente. En resumen, la hipótesis del mundo de ARN es un intento desesperado de salvar la teoría de la evolución química de la vida. Lo intenta, sí, pero no lo consigue.

2.5. Hipótesis del Diseño inteligente

Después de repasar los diferentes intentos por explicar el origen de la información biológica, desde el naturalismo, es menester concluir que ninguno de ellos lo consigue. Sin embargo, nuestra experiencia humana nos sugiere que la creación de información está siempre relacionada con la actividad de la conciencia inteligente. Por ejemplo, la música que hace vibrar nuestros sentimientos nace de la sensibilidad consciente del músico. Todas las obras de arte, tanto pictóricas, como escultóricas o de la literatura universal se gestaron en la mente de sus autores. De la misma manera, las múltiples habilidades de las computadoras fueron previamente planificadas por los ingenieros informáticos que realizaron los diversos programas. La información, o la complejidad específica, hunden habitualmente sus raíces en agentes inteligentes humanos.

Pues bien, al constatar el fracaso de las investigaciones científicas por explicar, desde las solas leyes naturales, el origen de la información que evidencia la vida, ¿por qué no contemplar la posibilidad de que ésta se originara a partir de una mente inteligente, como la del Dios creador de la Biblia? Si el origen del ADN y de la vida fue un milagro de creación a partir de la nada, entonces estaría fuera de las posibilidades de la ciencia humana. Aparte de la revelación bíblica, yo creo que también desde la razón se puede concluir que, en efecto, se trata de un acto de creación divina. ¿Por qué lo creo? Porque los seres vivos muestran evidencias claras de haber sido diseñados por una mente sabia. Veamos solo cuatro de tales evidencias: el ajuste fino, los sistemas integrados, los códigos bioquímicos y la convergencia molecular.

2.5.1. El ajuste fino:

Igual que las máquinas diseñadas por ingenieros requieren de un elevado grado de precisión para funcionar correctamente, también las biomoléculas y el metabolismo celular dependen del ajuste fino y la orientación precisa de los átomos en el espacio, para su actividad fisiológica. Semejante ajuste fino molecular refleja un diseño inteligente y no el azar.

2.5.2. Los sistemas integrados:

A los diversos sistemas de computadora diseñados para llevar a cabo alguna función específica, como medir el tiempo, hacer cálculos matemáticos, perfilar una ruta, transmitir la voz o las imágenes, etc., se les denomina "sistemas integrados". Todos ellos están formados por componentes que se requieren mutuamente y fueron colocados juntos para funcionar correctamente.

En los seres vivos existen sistemas parecidos, que vulgarmente podrían denominarse del tipo "huevo y gallina" (¿qué fue primero?), ya que ambas cosas se necesitan desde el principio. Muchos sistemas bioquímicos de los organismos están también integrados porque requieren de partes interrelacionadas que debieron formarse al mismo tiempo para poder funcionar bien (irreductiblemente complejos). Semejante interdependencia implica diseño inteligente en vez de evolución gradual.

2.5.3. Los códigos bioquímicos:

Igual que se traducen las palabras de un idioma a otro diferente, también en los sistemas bioquímicos existen códigos que permiten traducir la información. Ejemplos de ello son el código genético, el código de las histonas o el código neuronal. Los códigos solo los puede diseñar la inteligencia. Toda esta información codificada de la célula no ha podido producirse por casualidad sino que apunta a un diseñador inteligente.

2.5.4. La convergencia molecular:

Es sorprendente constatar que varias moléculas y sistemas biológicos de diferentes organismos son idénticos. Esto no es lo que cabría esperar desde el darwinismo gradualista. Si se supone que estos sistemas tienen orígenes diferentes, ¿cómo explicar dicha convergencia molecular? Teniendo en cuenta la elevada complejidad que muestran tales sistemas, resulta injustificado concluir que fueron los procesos naturales ciegos quienes llegaron a resultados idénticos, partiendo de orígenes completamente diferentes. Una explicación más lógica es pensar que esta convergencia molecular pone de manifiesto la acción de un único Creador que empleó el mismo modelo para realizar su obra.

Conclusión

Es evidente que existe una analogía real entre los diseños humanos y los que se observan en las células. Esto es lo que explico en mi libro: *A Dios por el ADN* (Clie, 2017). Y esto me hace pensar que existe cierta resonancia entre la mente humana y la mente que creó el universo. A esto se refiere también el texto bíblico cuando afirma que los seres humanos estamos diseñados a imagen y semejanza de Dios. Y, si esto es así, la implicación resulta fundamental: las personas estamos hechas para vivir en comunión con nuestro Creador. Sin embargo, aquí se detiene la ciencia ya que su método la hace incapaz de escudriñar la identidad del Diseñador. Para seguir por este camino, hay que darle la mano a la revelación de la Biblia y a la teología.

CAPÍTULO 3
¿Descendemos de los simios antiguos o de Adán y Eva?

Los simios carecen de cola (chimpancés, bonobos, gorilas, orangutanes, etc.) mientras que los monos, en cambio, poseen dicho apéndice más o menos pronunciado (papiones, monos araña, aulladores, etc.). La mayoría de las personas conoce desde su infancia la teoría evolucionista. No solo se explica como un hecho confirmado por la ciencia en escuelas, institutos (*high school*) y universidades sino que también se enseña en muchos seminarios cristianos. Lo que no conoce, la mayor parte de la gente, es la cantidad de problemas científicos importantes que presenta este modelo evolutivo, ni el hecho de que muchos investigadores lo acepten también por fe, a pesar de las muchas evidencias que lo contradicen.

Pocas personas son conscientes de que hay hechos científicos que respaldan la realidad de un primer Adán y una primera Eva literales. Los últimos descubrimientos de la ciencia, especialmente de la genética, libres de prejuicios e interpretaciones darwinistas, apoyan como veremos la perspectiva bíblica de varias maneras. Hace aproximadamente una década, muchos pastores y teólogos cristianos, sobre todo en los Estados Unidos, empezaron a rechazar la historicidad de Adán y Eva, en base a evidencias genéticas que parecían convincentes entonces, pero que hoy resultan indefendibles.

Actualmente se dispone de varios argumentos genéticos que refutan la idea de los orígenes humanos y de los simios a partir de antepasados comunes, a la vez que sustentan la visión bíblica tradicional. ¿Qué deducciones fundamentales pueden hacerse a partir de las investigaciones genéticas realizadas durante los últimos diez años y publicadas en las propias revistas científicas evolucionistas?

3.1. Los seres humanos somos diferentes, genética y funcionalmente, a todas las demás formas de vida existentes en la Tierra

A pesar de las muchas semejanzas que puedan existir entre simios y humanos, nuestra singularidad se explica mejor por medio de un *diseñador común* que mediante un *ancestro común*. El *Homo sapiens* es una especie singular y única. Quizá la mejor evidencia de ello sea el progreso científico y cultural que hemos alcanzado. El ser humano no solo ha sido capaz de secuenciar su propio genoma sino también de pisar la Luna, diseñar complejas ciudades, crear enormes bibliotecas, elaborar poesía o música y, sobre todo, realizar proezas éticas, como amar sin esperar nada a cambio o relacionarse espiritualmente con Dios.

El evolucionismo no ha sido capaz de explicar cómo las mutaciones casuales del ADN hubieran podido crear la conciencia humana, la inteligencia, la responsabilidad moral o la propia espiritualidad ya que tales rasgos trascienden la mera biología.

3.1.1. La idea de que somos un 98% idéntico a los chimpancés ya no se puede sostener

Tal cantidad ha descendido significativamente pero esto no se ha comunicado convenientemente al gran público. Los genetistas Jeffrey Tomkins de la Universidad de Idaho y Jerry Bergman, de la Universidad Estatal Wayne (Detroit, Michigan) vieron que la reducción al 70% de parecido genético propia del cromosoma masculino podía ampliarse también a los 23 cromosomas restantes.[1] Utilizando una herramienta de búsqueda especial, conocida en genómica como BLASTIN, analizaron el porcentaje de alineación de secuencias de ADN entre chimpancés y humanos, viendo que en todos los cromosomas el porcentaje promedio de similitud era inferior al 70%. Lo cual significaba que la diferencia porcentual aumentaba considerablemente, pasando de un 2% a aproximadamente un 30%. Es decir, unas 15 veces mayor de lo que se decía anteriormente

Pero, ¿por qué es tan importante este cambio del 98% al 70% en el parecido de nuestros genomas? En primer lugar, porque demuestra que no somos tan similares como se pretende. Es lógico que tengamos muchos genes en común con los simios porque nuestros cuerpos son muy parecidos y realizan similares funciones fisiológicas. Pero también tenemos muchas diferencias. Una diferencia genómica de casi el 30% entre estos simios y nosotros representa aproximadamente unos 1.000 millones de bases nitrogenadas o letras de ADN distintas. Esto es muchísima información nueva, necesaria y suficiente para sustentar nuestra singularidad humana. Y, además, semejante información no puede haber surgido por casualidad en el poco tiempo que supuestamente mediaría entre nuestro antecesor simiesco y la aparición del *Homo sapiens*. De manera que este descrédito

---

1. Sanford, J. C. & Carter, R., 2014, "In Light of Genetics...Adam, Eve, and the Creation/ Fall, in *Christian Apologetics Journal*, 12:2 (Fall 2014), *Southern Evangelical Seminary*, p. 59.

del 98% de parecido genético, al que asistimos hoy, derrumba la explicación evolucionista de los orígenes humanos y, a la vez, respalda un origen independiente y reciente de nuestra especie. Tal como indica la narración bíblica del Génesis.

3.1.2. Aunque las diferencias entre los genomas fueran muy pequeñas (del 1%), lo cierto es que no sucede lo mismo con las proteínas resultantes de dichos genomas

Esto es algo que nunca suele decirse pero que tiene importantes repercusiones para el tema que nos ocupa. Como es sabido, el ADN contiene la información necesaria para fabricar todas las proteínas del organismo y éstas son las encargadas de realizar las funciones que nos mantienen vivos. En principio, cabría suponer que si hombres y chimpancés poseemos un ADN casi idéntico, deberíamos tener también unos conjuntos de proteínas (*proteomas*) casi idénticos. Sin embargo, esto no es así. Desde hace más de una década, se sabe que las diferencias entre los proteomas de chimpancés y personas rondan la increíble cantidad del 80%. El ADN no se expresa de la misma manera en chimpancés y humanos. El evolucionismo no tiene explicación para este hecho, pero desde la perspectiva de un Dios que crea a los seres vivos según su género y según su especie, sí la tiene. Él pudo diseñar especies diferentes por medio de unos genes similares con la capacidad de expresarse en proteínas completamente distintas.

3.2. La mayoría de las mutaciones que experimenta la humanidad son degenerativas

Con cada división celular aparecen nuevas mutaciones o errores en el ADN. Estos errores se van acumulando en el libro de instrucciones de los seres vivos (genoma). La inmensa mayoría de tales errores son perjudiciales porque estropean o destruyen sistemáticamente la información biológica, produciendo enfermedades y taras genéticas. Pero la evolución exige que todas estas mutaciones malas sean eliminadas poco a poco para que los organismos puedan evolucionar positivamente. El problema es que las malas mutaciones (deletéreas) se están acumulando en el ADN de la humanidad mucho más rápidamente de lo que están siendo eliminadas por la selección natural. El genoma humano (o ADN) ha estado degenerando durante la mayor parte de la historia registrada.

Actualmente podemos decir que el genoma humano no está progresando sino degenerando y que semejante fenómeno es mucho peor de lo que generalmente se reconoce. Esto lo analiza en profundidad el genetista estadounidense, John C. Sanford, quien fue uno de los primeros biólogos en hablar de "entropía genética", es decir, del grado de desorden que se acumula lentamente en el ADN humano.[2] Sus trabajos mediante simulaciones numéricas evidencian que más del 90% de las mutaciones perjudiciales no pueden ser eliminadas por la selección natural. Este declive genético que se detecta hoy en la humanidad, contradice el modelo evolucionista y supone una corroboración del relato bíblico de los orígenes del ser humano. Según la Escritura, el hombre fue creado con unas condiciones óptimas y, desde entonces, habría estado degenerando continuamente. La hipótesis del simio a la persona resulta poco convincente porque el cambio en nuestro genoma ha sido siempre descendente, nunca ascendente. A veces, puede parecer que mejoramos (porque vivimos más años que el hombre medieval, somos más altos, o superamos muchas enfermedades, etc.) pero no debemos confundir la evolución cultural con la biológica.

Nuestro progreso cultural, científico y tecnológico nos ha permitido una buena alimentación, medicina y salud, pero esto no nos ha hecho genéticamente mejores que nuestros antepasados. Sin embargo, lo cierto es que nuestra genética ha empeorado. Y esta degeneración genética es notablemente consistente con la perspectiva bíblica de una pareja creada perfecta, una Caída literal, una población humana en decadencia y un mundo que envejece *como una vestidura* (He. 1:11).

3.3. La selección natural no es una fuerza creativa sino solo estabilizadora

La selección natural contribuye a preservar las distintas especies biológicas, eliminado a los individuos débiles o peor adaptados a su ambiente. Pero una fuerza natural así es incapaz de crear algo tan complejo como nuestro genoma, la mente o el alma humana. Lo único que puede hacer la selección natural es ralentizar la tasa de degeneración genética, pero poco más. En determinadas ocasiones, permite algún pequeño ajuste genético cuando un organismo está experimentando un cambio en su entorno, como ocurre con las bacterias que adquieren resistencia a los antibióticos o el famoso pico de los pinzones. Pero esto es "microevolución", o mejor dicho "variación adaptativa", es decir pequeños cambios observables en todas las especies biológicas, pero no la "macroevolución", o evolución general desde los microbios a las personas y el resto de los animales, que requiere el evolucionismo.

Darwin creyó que la microevolución continuada generaba lentamente la macroevolución a lo largo de millones de años. Sin embargo, lo único que permite la microevolución es que las bacterias se vuelvan resistentes a los antibióticos o que ciertas plagas de insectos logren superar insecticidas

2. Sanford, J. C., 2014, *Genetic Entropy*, FMS Publications, USA.

como el DDT. Pero esto lo consiguen no porque se hayan creado genes nuevos mediante mutaciones al azar sino porque los individuos que sobreviven ya poseían genes resistentes a tales venenos. Cuando los antibióticos o los insecticidas dejan de actuar, las condiciones biológicas de los organismos revierten a su estado primitivo. Es la información genética que ya portan todas las especies la que les permite adaptarse al medio ambiente. Las mutaciones que ocurren al azar, aunque sean seleccionadas por la naturaleza, no aportan información nueva capaz de generar todo lo que supone la teoría de la macroevolución. Este es el gran problema del darwinismo actual. La ciencia no ha descubierto ningún proceso natural que sea capaz de explicar el origen de la información biológica. Por tanto, la teoría de la evolución sigue siendo una fantasía biológica contemporánea.

Después de muchos años de simulaciones numéricas en los laboratorios, no ha sido posible lograr una evolución progresiva, significativa y realista, aplicable a los seres humanos. Es verdad que la selección natural existe en la naturaleza y está diseñada para conservar los distintos tipos de vida, pero no es una fuerza creativa capaz de originarlo todo, como cree el evolucionismo. La función de la selección natural es frenar la degeneración que se está produciendo continuamente en todos los seres vivos del planeta y hacer posibles pequeños reajustes para la adaptación de los organismos a ambientes cambiantes. En el fondo se trata de una actividad natural perfectamente compatible con la Caída, tal como se desprende de la perspectiva bíblica, que contribuye a poblar de vida todos los rincones de la biosfera, según el eterno plan redentor de Dios.

3.4. La antigua hipótesis del "ADN basura" se ha demostrado falsa y ha dejado de ser una prueba de la evolución

Durante cuarenta años, la teoría del ADN basura ha sido considerada como un dogma académico que todos los estudiantes de biología y genética debíamos conocer y aceptar. Se creía, en base al evolucionismo, que el 98% de nuestro ADN era inservible. Que eran los restos de genes antiguos que habrían perdido su función y se habría venido acumulando en los genomas a lo largo de las eras. Y que solamente el 2% eran genes funcionales, es decir, que producían proteínas. Sin embargo, cuando se completó la segunda fase del Proyecto Genoma Humano (el denominado Proyecto ENCODE encargado de determinar qué proporción de ADN estaba activa), más de 400 científicos se dieron cuenta de algo inesperado: casi todo el genoma humano, incluso el llamado ADN basura que no se traduce en proteínas, se transcribía (copiaba) activamente a ARN.[3]

---

3. The ENCODE Project Consortium, "An Integrated Encyclopedia of DNA Elements in the Human Genome", *Nature*, 489 (September 6, 2012): 57-74.

Esto significa que prácticamente todo el ADN es importante y esencial para la vida. Cuanto más conocemos el genoma, más y más complejo se muestra y más difícil se hace aceptar que pudo formarse por evolución al azar. El hundimiento del mito del ADN basura es devastador para la teoría de Darwin. La ciencia ha demostrado aquello que desde el Diseño inteligente ya se intuía. A saber, que Dios no crea basura genética.

3.5. El gran parecido genético entre todos los seres humanos actuales corrobora que descendemos de una sola pareja original

La teoría de la evolución supone que cualquier población grande de seres vivos irá acumulando mutaciones poco a poco, a lo largo de millones de años, y que esto generará lógicamente una enorme cantidad de diversidad genética en las especies. El problema con los humanos actuales es que los estudios genéticos muestran todo lo contrario. Es decir, hoy está claro que la humanidad es muy homogénea o parecida entre las diversas étnias y que presenta una limitadísima variación genética. Si bien esta evidencia supone un grave problema para la perspectiva evolutiva, es exactamente lo que cabría esperar si todos los seres humanos descendiéramos de una sola pareja original, tal como afirma la Biblia.

3.6. La presencia de bloques de ligamiento en los cromosomas humanos actuales contradicen una larga evolución del hombre

¿Qué son los *bloques de ligamiento*? Veamos un ejemplo, imaginemos que hubiera dos rasgos humanos dominantes que pudiéramos denominar "alto" y "rubio" y que estuvieran presentes en uno de los dos cromosomas complementarios de las 23 parejas existentes. Mientras que los ragos recesivos, o no dominantes, podrían ser "bajo" y "moreno" y estar presentes en el otro cromosoma complementario. Si, como decimos, los cromosomas no se pudieran recombinar, entonces nunca podrían nacer personas "altas" y "morenas" o "bajas" y "rubias" porque estos caracteres (fenotípicos) de altura y color del cabello estarían siempre unidos en el mismo bloque de ligamiento (*linkage block*).

Esto sería un grave problema puesto que limitaría seriamente la variabilidad humana. Sin embargo, los cromosomas están diseñados para recombinarse entre sí, romper estos bloques de ligamiento y permitir toda una increíble gama de variaciones humanas. Esta recombinación ocurre en la reproducción sexual. Los padres transmiten a sus hijos versiones recombinadas de los cromosomas de los abuelos. Como tal proceso se produce en cada generación, se van creando bloques cada vez más pequeños de las cadenas del texto original. A pesar de todo, cuando se analiza un gran número de genomas humanos puede observarse que los cromosomas se componen todavía de bloques de ligamiento relativamente grandes, que representan las cadenas originales de texto que nunca se han mezclado. Esto significa que el genoma solo se ha combinado parcialmente y que existen aún grandes bloques de ligamiento sin combinar.

Tales cadenas son fragmentos conservados de los cromosomas de los primeros seres humanos que pueden ser estudiados en la actualidad. Desde el punto de vista de la evolución, se debería haber producido una completa mezcla en el genoma humano durante mucho tiempo y, por tanto, no debería quedar ni rastro de los cromosomas originales. Sin embargo, los últimos descubrimientos sugieren claramente que resulta posible reconocer todavía gran parte de las cadenas cromosómicas originales. Estos datos indican que los cromosomas primitivos eran poco numerosos. No como sería lo propio de una gran población humana -como creen los evolucionistas- sino que corresponden más bien a una muy pequeña comunidad inicial. Incluso formada por solo dos personas (Adán y Eva), tal como dice la Biblia.

3.7. La genética apoya la enseñanza bíblica de que Eva fue la madre de todos los seres humanos

La hipótesis genética de la "Eva mitocondrial" respalda la idea de que solo hubo una progenitora de toda la humanidad. ¿Qué es una *mitocondria*, para qué sirve y qué contiene que la hace tan relevante en el tema que nos ocupa? Las células de nuestro cuerpo requieren energía que obtienen por medio de reacciones químicas muy complejas. La mayoría de estas reacciones, sobre todo aquellas en las que interviene el oxígeno, ocurren en el interior de unas minúsculas bolsitas cerradas u orgánulos llamados mitocondrias. Cada célula puede contener centenares de ellas. Pero, además de esta importante función energética, la singularidad de las mitocondrias se debe a que poseen su propio material genético. Es decir, tienen un ADN circular que constituye un pequeño cromosoma parecido al de las bacterias.

Este ADN circular se llama: "ADN mitocondrial" (ADNmt), no se recombina, como el de los cromosomas del núcleo y, además, solo se transmite por vía materna: de madres a hijas. En la fecundación, el espermatozoide solo aporta sus cromosomas nucleares, ya que el ADNmt masculino queda fuera del óvulo y es eliminado. De esta manera, resulta posible rastrear la ascendencia del cromosoma mitocondrial a través de las generaciones. De la hija a la madre, de ésta a la abuela materna, la bisabuela materna, la tatarabuela materna y así sucesivamente hasta llegar a la Eva mitocondrial, el ancestro común femenino que poseía las mitocondrias de las cuales descienden todas las mitocondrias de la población humana actual.

Los evolucionistas estimaron que la Eva mitocondrial habría vivido hace unos 200.000 años.[4] Esto era poquísimo para los paleontólogos que hablaban de millones de años. Después de analizar más de 800 secuencias mitocondriales humanas, ha sido posible reconstruir una aproximación a la primera secuencia de la Eva mitocondrial.[5] Los resultados indican que el ser humano actual ha experimentado solo alrededor de unas 20 mutaciones desde la secuencia original de la primera mujer. Las estimaciones más recientes para la tasa de mutación en las mitocondrias humanas son de alrededor del 0,5 por generación.[6] Esto significa que la mayor parte de las secuencias mutadas solo requieren unas 200 generaciones (alrededor de 6.000 años) para acumular 100 mutaciones. Lo cual significa que la secuencia de la Eva mitocondrial es exactamente la que cabría esperar desde una perspectiva bíblica. Si el ser humano tuviera más de un millón de años, como propone la teoría evolutiva, la humanidad actual debería tener una enorme diversidad mitocondrial y no sería posible detectar una secuencia de comienzo como la que se ha encontrado en la Eva mitocondrial.

3.8. La genética sustenta también la enseñanza bíblica de que Adán fue el padre de toda la humanidad

Una buena manera de contrastar los resultados obtenidos con el ADN de la Eva mitocondrial, sería estudiar también la variabilidad de alguna parte del ADN del núcleo celular, que se transmitiera solo por vía paterna y tampoco experimentara recombinación. El candidato perfecto para ello fue el *cromosoma Y* masculino que solo lo heredan los varones. Estudios de la genética de poblaciones sobre el mismo han puesto de manifiesto otra verdad bíblica fundamental: *Adán es el padre de toda la humanidad.* De la misma manera que en el caso de Eva, muchos evolucionistas lamentan ahora haber acuñado este nombre, "Adán cromosómico" (o *Adán cromosomal-Y*), y actualmente tienden a evitarlo. Sin embargo, todos están de acuerdo en que existió este ser humano –homólogo de la Eva mitocondrial– y que correspondería al ancestro común que poseía el citado cromosoma Y del que

---

4. "New 'molecular clock' aids dating of human migration history", 2009, https://www.leeds.ac.uk/news/article/245/new_molecular_clock_aids_dating_of_human_migration_history.

5. Robert W. Carter, 2007, "Mitochondrial Diversity within Modern Human Populations," *Nucleic Acids Research*, 35, nº 9: (May 2007): 3039-3045.

6. Lorena Madrigal, *et al.*, 2012, "High Mitochondrial Mutation Rates Estimated from Deep-rooting Costa Rican Pedigrees," *American Journal of Physical Anthropology*, 148, nº 3 (July, 2012): 327-333.

descienden todos los demás cromosomas Y masculinos de la población humana actual.

Cuando se realizó la secuenciación del cromosoma Y del chimpancé se vio que era radicalmente diferente al cromosoma Y del ser humano.[7] Su tamaño alcanza solo la mitad del que posee el cromosoma del hombre. En un primer momento, se dijo que ambos cromosomas diferían en más de un 30% pero estudios posteriores aumentan esta cantidad hasta casi el 40%. El problema para la tesis evolucionista es que conseguir semejante divergencia entre simios y humanos en tan solo 6 millones de años -como requiere el evolucionismo- supondría una tasa de mutación increíblemente alta para este cromosoma Y de los machos. A pesar de todo, como suele ocurrir habitualmente ante los datos incómodos que no encajan con la teoría, se supuso que el cromosoma Y humano habría evolucionado muy rápidamente, adquiriendo numerosos genes en poco tiempo, mientras que el de los chimpancés habría degenerado mucho, perdiendo hasta el 40% de sus genes originales. El inconveniente para el evolucionismo es que, si las secuencias del cromosoma Y mutan muy rápidamente, ¿cómo es posible que todos los varones actuales posean cromosomas Y casi idénticos y éstos sean tan similares al del Adán cromosómico? Incluso si se asume una tasa de mutación normal para el cromosoma Y (de aproximadamente una mutación por cromosoma y por generación), solo se necesitarían unas 300 generaciones (alrededor de 6.000 años) para obtener las 300 mutaciones que nos separan del Adán cromosómico.

Es evidente que esto concuerda perfectamente con la perspectiva bíblica. Sin embargo, desde el evolucionismo los números no encajan. Si el antepasado varón de todos los hombres actuales vivió hace entre 100.000 y 200.000 años -como propone la teoría-, se deberían hallar más de cien mil mutaciones entre los hombres modernos y el cromosoma Y de Adán. Sobre un 333% más de lo que realmente se ha observado. Se mire como se mire, el cromosoma Y masculino constituye un grave problema para la teoría de la evolución, pero coincide con lo que dice la Biblia.

3.9. El Adán cromosómico y la Eva mitocondrial vivieron esencialmente al mismo tiempo, en un pasado no tan remoto

Al principio, el evolucionismo creía que el Adán cromosómico y la Eva mitocondrial vivieron en un pasado muy lejano y no se conocieron. No fueron contemporáneos sino que habrían estado separados por más de 100.000

7. Jennifer F. Hughes, *et al.*, 2010, "Chimpanzee and Human Y Chromosomes are Remarkably Divergent in Structure and Gene Content", *Nature* 463, nº 7280 (January 28, 2010): 536-539.

años. Las dataciones de los relojes moleculares suelen modificarse cada vez que se analizan nuevas secuencias de ADN. La antigüedad propuesta para el Adán cromosómico ha venido variando desde los 50.000 años iniciales hasta los 581.000 años atrás.[8] Semejante grado de variabilidad indica lo poco precisos que resultan tales cálculos y, a la vez, ponen de manifiesto la reducida certeza científica que aportan. A pesar de todo, un equipo de investigación de la Universidad de Stanford en California, después de secuenciar el cromosoma Y de 69 varones de todo el mundo, descubrió en 2013 cerca de 9.000 variaciones desconocidas de dicha secuencia de ADN.[9] Emplearon dichas secuencias para crear un reloj molecular, como se suele hacer habitualmente, y llegaron a la conclusión de que la Eva mitocondrial y el Adán cromosómico habían sido contemporáneos y no estuvieron separados por cientos de miles de años. Esta es la última conclusión a la que arribaron.

Conclusión

La genética moderna no es enemiga de Adán y Eva, como algunos creen, sino todo lo contrario. Los últimos descubrimientos, libres de interpretaciones evolucionistas, corroboran aquellas antiguas palabras de la Escritura: *Entonces dijo Dios: Hagamos al hombre a nuestra imagen, conforme a nuestra semejanza; y señoree en los peces del mar, en las aves de los cielos, en las bestias, en toda la tierra, y en todo animal que se arrastra sobre la tierra. Y creó Dios al hombre a su imagen, a imagen de Dios lo creó; varón y hembra los creó.* (Gn. 1: 26-27). Este es nuestro verdadero origen: venimos de Dios y vamos a Dios.

8. Mendez, F. L., 2013, *et al.*, "An African American Paternal Lineage Adds an Extremely Ancient Root to the Human Y Chromosome Phylogenetic Tree", *American Journal of Human Genetics*, 92, nº 3: 454-459.
9. http://www.nature.com/news/genetic-adam-and-eve-did-not-live-too-far-apart-in-time-1.13478.

CAPÍTULO 4
La existencia de Dios desde la perspectiva científica

Hasta hace poco más de un siglo y medio, predominaba en Occidente la creencia de que todos los seres del mundo habían sido creados por Dios de forma sobrenatural e incomprensible para la razón humana. Eso es lo que se puede leer en la Biblia y lo que el cristianismo ha venido enseñando a lo largo de los siglos. Sin embargo, con el advenimiento de la teoría de la evolución, a mediados del siglo XIX y su aceptación universal por parte de la ciencia, la palabra "creación" ha adquirido otras connotaciones diferentes, incluso en el seno de la teología cristiana.

Muchos científicos defienden hoy que la ciencia debe tener un compromiso previo con el materialismo. Con la idea de que solamente existe la materia y que ésta se ha creado a sí misma, sin Dios, sin Creador, sin causas sobrenaturales. Como la ciencia solo busca causas materiales para explicar los fenómenos de la naturaleza, parecería lógica esta tendencia de los investigadores a descartar siempre las causas sobrenaturales. Por otra parte, un buen número de hombres y mujeres de ciencia creyentes asumen también ese materialismo metodológico, pero aceptando que en el origen de todo estaría la acción y planificación del Dios creador. Él podría haber formado el universo y la vida por medio de lentos procesos evolutivos. Ahora bien, ¿cuáles son los límites de la ciencia humana?

Los científicos investigan la naturaleza siguiendo reglas y principios fijos que les permiten describirla, gracias a la experimentación. Sin embargo, las limitaciones aparecen cuando se intentan reconstruir procesos que ocurrieron en el pasado y que no se pueden reproducir en los laboratorios. Los problemas surgen cuando se pasa de la ciencia a la historia. Por ejemplo, hoy es posible observar cómo muchos animales cambian para adaptarse al medio en que viven: pieles más gruesas y pelo más largo en climas fríos; mayor tamaño corporal en climas fríos que en cálidos; forma de los picos de las aves según su alimentación; migraciones, hibernación, etc., son adaptaciones al clima. Pero, ¿demuestran estos cambios que un animal parecido al hipopótamo sea capaz de transformarse con el tiempo en una ballena?

Esto sería un ejercicio de extrapolación que sobrepasaría el límite de lo que la ciencia puede observar, medir o comprobar. No es que la ciencia no pueda hacer extrapolaciones. Lo que ocurre es que si estas extrapolaciones dependen siempre de la idea de que en la naturaleza nunca jamás puede haber influencia sobrenatural, se está aceptando un principio que no proviene de la propia ciencia sino de prejuicios ideológicos (como puede ser el materialismo, o el ateísmo metodológico, o el no intervencionismo). Desde esta perspectiva, por ejemplo, el análisis científico de los milagros bíblicos sería problemático. La creación, el pecado original, el diluvio, la confusión de lenguas, la conversión de agua en vino, la resucitación de un cadáver y la propia resurrección de Jesús, serían acontecimientos milagrosos imposibles de describir mediante leyes naturales. ¿Quiere esto decir que porque la ciencia no tenga acceso a ellos no ocurrieron en realidad?

El ser humano, al no poder llegar al conocimiento absoluto de la verdad por sus propios medios, depende de otras posibles fuentes de conocimiento. De ahí la importancia del mensaje de la Biblia, que nos dice cosas trascendentes que no podríamos saber de ninguna otra manera. Pero la revelación bíblica exige algo diametralmente opuesto a la metodología de la ciencia. Se trata de la fe, de la convicción de lo que no se ve, pero de una fe lógica o razonable. Es menester fiarse de la Escritura para aceptar la manifestación e intervención de Dios en el mundo natural. Y esta confianza es precisamente la línea que divide el mundo entre creyentes y escépticos. La fe es la condición imprescindible para entender cosas como el relato bíblico de la creación: *Por la fe entendemos haber sido constituido el universo por la palabra de Dios, de modo que lo que se ve fue hecho de lo que no se veía* (He. 11: 3).

Por supuesto, nunca será posible demostrar de forma irrefutable la existencia de Dios mediante la ciencia humana. Si así fuera, no habría ateos. Dios no es demostrable de manera concluyente. De hecho, las auténticas demostraciones solo se pueden dar en el ámbito formal de las matemáticas. Y aunque a Dios pueda gustarle jugar con los números, desde luego, no es posible reducirlo a ellos. La Biblia no aporta demostraciones filosóficas o racionales sobre la realidad Dios, sino que lo da por supuesto desde la primera página y únicamente lo presenta como Creador del cosmos a partir de la nada. Sin embargo, que a Dios no se le pueda demostrar científicamente, o concluyentemente de forma racional, no significa que no haya indicios suficientemente sólidos de su existencia. ¿Acaso no es la propia creación una prueba suficiente de que Él existe? Tal es el argumento que presentó el apóstol Pablo: *Porque las cosas invisibles de él, su eterno poder y deidad, se hacen claramente visibles desde la creación del mundo, siendo entendidas por medio de las cosas hechas...* (Ro. 1: 20). Además, la acción divina no se evidencia solamente en la creación sino también en la historia del ser humano.

El clímax o punto culminante de la presencia de Dios en el mundo es Jesucristo. La verdadera imagen del Dios invisible. Un Señor que no obliga a nadie a creer en él sino que deja en libertad al ser humano para que elabore su propia filosofía de vida. Incluso para que crea en un cosmos sin Dios que se hubiera podido hacer a sí mismo. Lo que pasa es que para creer en un mundo así, sin un Creador inteligente, también se sigue necesitando la fe en las posibilidades de la materia. Si se elimina al Dios creador, no queda más remedio que divinizar la Naturaleza. El ateísmo niega al Dios bíblico, pero cree en la diosa Naturaleza y tiene fe en que la materia lo ha creado todo, empezando por ella misma. De manera que tanto el teísmo como el materialismo ateo necesitan de la fe. Ninguna demostración científica es capaz de sustituir a la fe. De ahí que la Escritura reconozca claramente que *sin fe es imposible agradar a Dios* (He. 11: 6) ya que se requiere fe en la revelación de Dios al hombre.

La Biblia habla de tres formas diferentes en las que Dios se revela a los seres humanos: mediante la creación, por medio de la conciencia moral y a través de la propia Escritura. Volviendo al pasaje de Romanos que ya hemos mencionado, podemos leer: *porque lo que de Dios se conoce les es manifiesto, pues Dios se lo manifestó. Porque las cosas invisibles de él, su eterno poder y deidad, se hacen claramente visibles desde la creación del mundo, siendo entendidas por medio de las cosas hechas, de modo que no tienen excusa. Pues habiendo conocido a Dios, no le glorificaron como a Dios, ni le dieron gracias,* (Ro. 1: 19-21).

4.1. Dios toma la iniciativa y se manifiesta al ser humano por medio de la creación

Dios crea al hombre y lo coloca en un universo inteligentemente diseñado. Un cosmos creado que nos habla de la existencia de Dios y de su inteligencia. Esta creación que podemos ver con nuestros ojos y analizar científicamente, nos muestra también el eterno poder de Dios. Podemos percibir estos atributos de Dios de manera intuitiva, por medio de nuestra razón:

a) La propia existencia del Universo y de las leyes que lo rigen nos hablan de la necesidad de Dios. ¿Por qué existe el Universo? De la nada absoluta no puede salir nada. ¿Por qué la Naturaleza viene empaquetada de esta forma tan precisa e inteligente? La inteligencia y la información no pueden surgir del caos.

b) Otro hecho que apunta a Dios es la vida y la reproducción. Todos los seres vivos están guiados por propósitos y metas, tienen una tendencia a la finalidad (organización teleológica) que no existe en la materia muerta. Los peces poseen branquias para poder respirar dentro del agua; las aves tienen alas para volar; los mamíferos se abrigan con pelo, etc. Cualquier ser vivo posee fines, metas, objetivos que no tiene la materia de la que están hechos. De la misma manera, el origen de la reproducción es un problema central para el naturalismo. ¿Cómo surgió por primera vez?

La increíble complejidad e información sofisticada que existe en la molécula de ADN de cada célula viva no puede explicarse por azar, por muchos millones de años que se le den. Todo esto solo se entiende mediante la obra creadora de Dios. Y Él no solo creó en nosotros esta capacidad para conocer el mundo, sino también la conciencia de la existencia de Dios. Los nuevos ateos, como el famoso Richard Dawkins, viven negando esta evidencia. Niegan esta percepción intuitiva que todo ser humano tiene de Dios. Dicen que el diseño del mundo es solo aparente pero no real. Confunden los mecanismos del universo y la vida con el origen del universo y la vida. Creen que al explicar tales mecanismos han explicado también el universo y la vida. Comenten el error de pensar que explicar un mecanismo es lo mismo que explicar al agente que diseñó dicho mecanismo. Pero, no es lo mismo. Las leyes o los procesos de la Naturaleza pueden describir cómo es y cómo funciona el universo, pero no lo explican. Los mecanismos y las leyes no explican nada.

El Nuevo ateísmo confiesa que no está dispuesto a escuchar argumentos que queden fuera del naturalismo. Se encierra en su pequeño castillo naturalista y dicen que fuera de él no existe más mundo, que no hay nada más. ¿Es esta una actitud razonable? A nosotros nos parece que no.

4.2. El sentido innato de la moralidad

Nuestra experiencia cotidiana nos indica que intuitivamente creemos que existe una norma moral fuera de nosotros. En general, las personas adultas equilibradas saben distinguir entre el bien y el mal, lo correcto y lo incorrecto. Todo el mundo espera que los demás se comporten conforme a esa moralidad universal. Es lo que dice Pablo en Romanos 2: 14-15: *Porque cuando los gentiles que no tienen ley, hacen por naturaleza lo que es de la ley, éstos, aunque no tengan ley, son ley para sí mismos, mostrando la obra de la ley escrita en sus corazones, dando testimonio su conciencia, y acusándoles o defendiéndoles sus razonamientos.* Esta ley moral está escrita en los corazones de todos los hombres y trasciende a toda la humanidad. ¿De dónde ha salido? ¿Acaso es el producto de la evolución ciega?

Incluso en las más remotas tribus de la Tierra, aisladas del resto de la civilización, existe un código moral similar al del resto de la humanidad. Y, aunque puede haber pequeñas diferencias culturales, virtudes como la valentía o la lealtad, y defectos como la avaricia o la cobardía son universales. Y así, muchas cosas más. ¿Quién ha plantado esos códigos morales en todas las personas? Si hubiera sido el propio hombre, la moral sería diferente en cada tribu o en cada cultura. Pero sabemos que no es así.

El ateísmo no proporciona ninguna base para esta moralidad universal. Toda ley requiere un legislador. La ley moral que comparte toda la humanidad solo pudo implantarla en nuestra conciencia el Dios creador, tal como afirma el apóstol Pablo. Este fenómeno universalmente observado de la ley moral constituye un poderoso argumento a favor de la existencia de Dios. En la tumba del famoso filósofo prusiano de la Ilustración, Immanuel Kant, (en la ciudad rusa de Kaliningrado) están grabadas estas palabras: *Dos cosas llenan mi mente de admiración y reverencia crecientes (…): el cielo estrellado sobre mí y la ley moral dentro de mí.*

4.3. Dios se revela mediante la Escritura

Y el Nuevo Testamento nos dice que, hace unos 20 siglos, unas tristes mujeres se despertaron muy temprano una mañana de domingo para ungir el cuerpo sin vida de un difunto que había sido crucificado. Se asustaron al comprobar que no estaba dentro de la tumba y al ver que la pesada piedra había sido removida. La Biblia dice que Jesús resucitó de entre los muertos y que la propia muerte fue derrotada para siempre. La resurrección de Jesucristo es la primicia de la nuestra. De todos aquellos que a lo largo de la historia creímos en Él.

El ateísmo no tiene respuesta ante la muerte, ni ninguna esperanza para el ser humano. Es una cosmovisión estéril que deja al hombre metido en un ataúd, a la espera de la incineración final del mundo que se producirá cuando estalle el Sol, dentro de 4.500 millones de años, según opinan los astrónomos. De esa manera, sería borrada toda huella de la existencia humana, toda cultura o civilización. Para el materialismo la historia humana se acaba en la tumba. Sin embargo, para la fe cristiana, en la tumba de Jesucristo empieza todo. La resurrección de Jesús abre la puerta a una historia de mayor dimensión. ¿Cómo podemos saber que Dios realmente existe? Por las estrellas del firmamento sobre nuestra cabeza, por la información y el diseño inteligente de todos los seres vivos, por la ley moral escrita en nuestros corazones y por la Palabra de Dios que podemos leer a diario. Y lo que ésta nos dice es que solo Jesucristo nos muestra verdaderamente quién es Dios en realidad.

CAPÍTULO 5
Cinco argumentos contra Dios

Hay muchos argumentos y preguntas que aparentemente cuestionan a Dios, o a la idea de un Creador, que pueda tener el ser humano. He elegido solo cinco que suelen repetirse en los coloquios y debates con estudiantes o profesores universitarios. Pero antes, me gustaría fijarme en este versículo del salmista: *Dice el necio en su corazón: No hay Dios* (Sal. 14:1; 53:1). La palabra "necio" en la Biblia significa "malvado e insensato" y no se refiere exactamente a lo que hoy llamaríamos un "ateo teórico" que no cree intelectualmente en Dios.

Actualmente existe el mito del ateo virtuoso que implicaría casi siempre la no culpabilidad de su ateísmo. Muchos creen que si el verdadero cristiano es el hombre o la mujer justos, entonces los verdaderos incrédulos serían los malvados, y no necesariamente los ateos, y, por tanto, un ateo honesto podría ser un buen cristiano, aunque no lo supiera. Personalmente me parece que no puede darse un comportamiento ético auténticamente cristiano, una vida moral plena, si se prescinde por completo de Dios. Pero este es otro tema.

El ateo no es un enemigo al que hay que derrotar. Debemos argumentar contra las ideas ateas, no rechazar a las personas que no creen en Dios. De hecho, la Biblia no suele contemplar el caso de alguien que niegue seriamente la existencia de Dios. El "necio" -a que se refiere el salmista- es, más bien, el "ateo práctico"; aquel que, aunque pueda creer, vive como si Dios no existiera y, por tanto, no lo busca. El "necio" de la Biblia se opone a "sabio", que es el que teme a Dios, guarda sus mandamientos y se aparta del mal. Esto queda claro en otro salmo: *El malo (=malvado), por la altivez de su rostro, no busca a Dios; No hay Dios en ninguno de sus pensamientos* (Sal. 10:4). Es aquél que piensa para sus adentros. "Dios no me va a pedir cuentas". Hoy hay gente que piensa mucho, pero Dios no está en ninguno de sus pensamientos y creen que Dios no les va a pedir cuentas. El filósofo Christopher Hitchens dice en su libro *"Dios no es bueno"* que esta afirmación del salmista es "sin sentido" (p. 278). ¡Claro, qué va a decir un escéptico cuando le llaman necio!

En ocasiones, cuando hablo del diseño que muestra la naturaleza y digo que, para mí, refleja la existencia de una mente inteligente que lo ha planificado todo, algunos me replican con los siguientes argumentos. Por ejemplo, una estudiante de matemáticas, de la Universidad de Barcelona, me hizo esta pregunta que, a su vez, le había formulado a ella un profesor:

5.1. Las únicas mentes que conocemos están en relación con los cerebros orgánicos, no tenemos experiencia de la existencia de ninguna mente que exista fuera de un cerebro humano físico. Por tanto, como mente sin cuerpo, Dios no puede existir

El naturalismo afirma que la mente humana equivale, o es igual, al cerebro. Sin embargo, la neurociencia es incapaz de justificar o demostrar tal afirmación. Algunos de los estudiosos de la mente más destacados del mundo, como el neurocirujano canadiense, Wilder Penfield, y el neurofisiólogo australiano, John Eccles, estaban convencidos de que la mente es algo inmaterial y que quienes afirman lo contrario, anteponen su naturalismo previo a la evidencia científica. El hecho de que dos acontecimientos estén correlacionados no implica necesariamente que sean idénticos. Que la mente humana haga servir las neuronas del cerebro, no significa que mente y neuronas sean lo mismo.

Por otro lado, decir que como mente sin cuerpo Dios no puede existir es como decir que los únicos seres inteligentes que conocemos están en la Tierra y, por lo tanto, no puede haber seres inteligentes fuera de la Tierra. Es un razonamiento sumamente endeble. Puede que haya extraterrestres inteligentes, o puede que no (no lo sabemos, la ciencia no ha descubierto nada al respecto) pero, de cualquier modo, éste no parece un buen argumento lógico. Negar la posibilidad de que exista inteligencia extraterrestre en algún rincón del universo, porque no tenemos constancia de ello, es como negar la existencia de Dios porque nadie le ha visto jamás. Se trata de un argumento débil porque Dios puede existir aunque ningún ser humano le haya visto directamente.

Por otro lado, si Dios estuviera limitado a un cuerpo físico, no sería Dios. Como dice el evangelista Juan (4:24): *Dios es Espíritu; y los que le adoran, en espíritu y en verdad es necesario que adoren.* Esto es lo que se puede responder desde la sola razón: el hecho de no ver a Dios no demuestra que no exista.

Ahora bien, desde otra perspectiva diferente, desde la Biblia, nos encontramos con el apóstol Pablo, quien escribiendo a la iglesia de Corinto, les dice: *Pero el hombre natural no percibe las cosas que son del Espíritu de Dios, porque para él son locura, y no las puede entender, porque se han de discernir espiritualmente. En cambio el espiritual juzga todas las cosas; pero él no es juzgado de nadie. Porque ¿quién conoció la mente del Señor? ¿Quién le instruirá? Mas nosotros tenemos la mente de Cristo"* (1ª Co 2:14-16). Según Pablo, tanto la mente de Dios, como la mente de Cristo, existen independientemente de que nosotros creamos en ellas o no. El problema es que la persona natural (escéptica por naturaleza), que vive como si no hubiera nada más allá de esta vida material, es incapaz de entender las cosas espirituales. Pero, debemos tener cuidado con esto. Es fácil llegar a involucrarse tanto en las cosas de este mundo, acostumbrarse a las ideas y las actitudes del hombre y la mujer natural, que lleguemos a perder de vista la realidad trascendente de nuestra existencia. Debemos pedirle a Dios que nos dé la mente de Cristo, porque solo cuando él vive en nosotros estamos a salvo de ser absorbidos por las cosas materiales, las dudas y el escepticismo.

5.2. Si Dios quiere que el ser humano crea en él, ¿por qué no ha hecho más evidente su existencia? ¿Por qué permanece escondido? ¿Por qué no se deja ver claramente?

Dios no está tan oculto como para que nadie pueda llegar a creer en él. De hecho, la mayor parte de la población mundial cree en su existencia. Hay más de 2.000 millones de cristianos en el mundo, sin contar los creyentes de las demás religiones monoteístas (judíos y musulmanes). Es verdad que Dios no resulta tan evidente para nosotros como una guitarra, un púlpito o una Biblia porque él no es material. Pero, ¿por qué recriminarle a Dios cómo tiene que manifestarse ante nosotros? ¿Quién es el hombre para decirle a Dios cómo tiene que comportarse? Él puede tener alguna buena razón para permanecer oculto, de la manera en que lo hace. Aunque, en realidad, no se oculta tanto como se dice. De hecho, según la Biblia, Dios se manifestó en la persona de Jesucristo. Además, según el apóstol Pablo: *las cosas invisibles de Dios*, como su eterno poder y deidad, *se hacen claramente visibles por medio de las cosas hechas* (Ro. 1:20).

Precisamente, lo que dice hoy el movimiento científico del Diseño inteligente es que la ciencia humana ha llegado a una frontera que no puede traspasar. Y lo que se vislumbra más allá de esa frontera, más allá de la estructura íntima de la materia, de las moléculas de ADN, ARN y las proteínas, del fundamento de las leyes que rigen el cosmos, del origen del universo y de la vida, etc., es información, complejidad, planificación e inteligencia. Cuanto más avanzan las investigaciones científicas, mayor complejidad se descubre en el mundo. Nada de esto ha podido originarse solo por casualidad, ni por necesidad, ni por selección natural -como propone el darwinismo- sino a partir de una Mente inteligente creadora. No, Dios no está tan oculto como pudiera parecer. Como escribe Lucas en Hechos 17:27-28: *ciertamente no está lejos de cada uno de nosotros. Porque en él vivimos, y nos movemos, y somos (...) Porque linaje suyo somos.* Desde la perspectiva teológica de la Biblia, lo que ocurre es que nuestro mundo es un mundo caído. Un mundo sometido al mal, a las enfermedades, al sufrimiento, a la muerte y también a las deficiencias cognitivas. Es decir, a las dificultades para descubrir y entender a Dios.

El famoso teólogo, Juan Calvino, decía: "la condición natural del ser humano es el *sensus divinitatis*". Es decir, el "sentido de la divinidad". Según Juan Calvino y sus seguidores actuales, los llamados neocalvinistas, -como el filósofo creyente norteamericano, Alvin Plantinga, de la Universidad de Yale: *En realidad, no puede haber auténticos ateos porque Dios habría dotado a cada persona con este instinto natural, que podría llamarse: "el sentido de Dios".* Esto no sería algo que se aprendiera necesariamente en la familia, en la iglesia o en la escuela sino que, ya desde el seno materno, el ser humano vendría marcado por dicha cualidad innata: la capacidad para creer en Dios de manera absoluta, de todo corazón, sin reservas.

Hasta la neurofisiología (o la "neuroteología") reconoce que hay unas bases biológicas para la espiritualidad humana y la creencia en Dios. El cerebro humano está dotado de propiedades neuronales singulares -que no se dan en el resto de los animales- que le permiten la espiritualidad y el desarrollo de la fe en Dios (véase *La Ciencia, ¿encuentra a Dios?*, Cruz, 2004). Los científicos escépticos dicen: "al tener estas neuronas singulares, el ser humano ha inventado a Dios". Yo me pregunto: "¿No será, más bien, al revés? No será que Dios nos ha dotado con dichas neuronas para que podamos expresarnos espiritualmente y poder así relacionarnos con Él".

Lo que indica la Escritura es que, debido a la Caída, a la entrada del pecado en el mundo, nuestras facultades cognitivas y espirituales dejaron de funcionar de manera adecuada, como lo hacían al principio de la creación. Por eso hoy tantas personas tienen dificultades para descubrir a Dios en su vida. Esta interpretación coincide también con el texto mencionado de Pablo: *Pues habiendo conocido a Dios, no le glorificaron como a Dios, ni le dieron gracias, sino que se envanecieron en sus razonamientos, y su necio corazón fue entenebrecido. Profesando ser sabios, se hicieron necios* (Ro. 1:21-22). De manera que, actualmente, para descubrir a Dios tenemos que limpiar primero aquél "*sensus divinitatis*" (sentido de Dios) con el que fuimos creados, que se habría manchado y ocultado durante siglos de rebeldía humana, apatía espiritual y costumbres materialistas. En esto consiste lo que la Biblia llama el arrepentimiento sincero y el descubrimiento de Dios a través de su Hijo Jesucristo.

5.3. ¿No hay contradicción en los atributos de Dios? Por ejemplo, si Dios fuera omnisciente, no podría cambiar de opinión. O, al revés, si Dios cambia de opinión, entonces no es omnisciente

Es cierto que en la Biblia hay varios pasajes en los que parece que Dios cambie de opinión. Por ejemplo, en Éxodo 32:14, podemos leer: *Entonces*

Jehová se arrepintió del mal que dijo que había de hacer a su pueblo. Es evidente que si Dios lo sabe todo, es eterno e inmutable, no va a cambiar de opinión, en el sentido de arrepentirse de algo, o de reconocer que estaba equivocado. A nosotros puede parecernos que cambia de opinión, desde nuestra perspectiva finita y temporal. Sin embargo, desde su perspectiva eterna Dios no puede cambiar. Lo que ocurre es que Dios solo se puede comunicar con el hombre por medio de una revelación antropomórfica. Es decir, hablándonos en términos humanos temporales que podamos entender. Rebajándose hasta nuestro nivel.

Por ejemplo, cuando Adán y Eva pecaron y se escondieron de la presencia de Dios, en Génesis 3:9, leemos: *Mas Jehová Dios llamó al hombre, y le dijo: ¿Dónde estás tú?* ¿Es que el Dios omnisciente (que lo sabe todo) no sabía dónde se había escondido Adán? ¡Claro que lo sabía! No está preguntando por su localización física sino por su condición espiritual: ¿Dónde estás tú en relación conmigo? ¿Sigues siendo el mismo de antes o tu corazón ha cambiado? Incluso esto último también lo sabía Dios porque: *Él conoce los secretos del corazón* (Sal 44:21).

Él sabía dónde estaba el ser humano y qué había dentro de su corazón, pero deseaba que fuera el propio hombre quien se diera cuenta de lo que había hecho. Dios busca a Adán en el huerto de Edén sabiendo que ha pecado y sabiendo donde se esconde, pero lo explica desde nuestra perspectiva humana finita y espacial. De la misma manera, lo que a nosotros puede parecernos un cambio de opinión, o que Dios se arrepiente de sus intenciones previas, es solo un lenguaje humano (= antropomórfico) para que lo entendamos. Dios no se sorprende nunca de nuestras decisiones porque las conoce desde la eternidad. Él sabe qué elección hará cada persona, desde antes de la fundación del mundo. En Jeremías 18:8, Dios dice: *"Pero si esos pueblos se convirtieren de su maldad contra la cual hablé, yo me arrepentiré del mal que había pensado hacerles"*. Esta es una manera humana de hablar, puesto que Dios sabe desde el principio quién se arrepentirá y quién no. Él hace que todas las cosas contribuyan a sus planes eternos y a su voluntad suprema, en la cual *no hay mudanza, ni sombra de variación.* (Stg. 1:17).

A veces se dicen también tonterías del estilo de: ¿puede Dios crear una piedra tan pesada que él mismo sea incapaz de levantar? Si no puede, entonces no es omnipotente. Dios no suele hacer cosas extrañas o contradictorias, como solteros casados, círculos cuadrados, mitades enteras o piedras que no se puedan levantar. Él hace aquello que es lógicamente posible, no lo que no lo es. Sin embargo, la persona incrédula es como una pesada roca que Dios no puede mover.

5.4. Cuando se piensa en la inmensidad del Universo, en el incontable número de estrellas, galaxias y astros que lo conforman, así como en las violentas explosiones de supernovas, choques de enanas blancas, con el enorme derroche de materia y energía que esto supone, ¿no parece incompatible semejante despilfarro de espacio, materia y energía, tan poco eficiente, con la idea de un Dios al que le interesa sobre todo un minúsculo planeta, la Tierra, porque allí hay una especie llamada ser humano? ¿Por qué un Dios sabio iba a permitir que la mayor parte del universo no fuera apta para la vida, como ha descubierto la cosmología?

Todo depende de qué concepto se tiene de Dios, de cómo se concibe al Creador del cosmos y, en segundo lugar, de aquello que se necesita en el universo para que sea posible la vida en la Tierra. Si pensamos en Dios como si fuera un artista clásico, de aquellos que en la época grecorromana esculpían estatuas realistas en mármol blanco, en las que cada cosa estaba en su sitio, todo guardaba unas proporciones adecuadas a determinados patrones, había eficiencia, simetría, orden, equilibrio y parecido con la realidad. Por ejemplo, el Discóbolo de Mirón o la Victoria de Samotracia. Todo esto nos habla de unos artistas ordenados, preocupados por la eficiencia, las medidas exactas, la proporción y la economía de medios. Pero, ¿por qué tendría Dios que ajustarse a estos ideales humanos? El Creador de todo lo que existe no tiene escasez de recursos como los artistas clásicos. La eficiencia, o el rendimiento energético, es importante para nosotros, que somos criaturas finitas, materiales y limitadas, pero no para Él. Si eres un ser limitado, tienes que ser eficiente para lograr todo lo que sea posible con tus reducidos recursos. Pero si eres omnipotente, ¿qué importancia puede tener la eficiencia?

Quizás Dios se parece más, en algunos aspectos, a un artista romántico, extremadamente creativo, que se deleita en la diversidad, en hacer cosas tan diferentes entre sí como sea posible. La pintura y escultura romántica de los siglos XVIII y XIX se caracterizó por el exotismo, la diversidad de colores y formas, la búsqueda de lo sublime, paisajes complejos y difíciles de representar como iglesias en ruinas, movimientos sociales, naufragios, masacres etc. Ejemplo: *La marsellesa*, de Rudé, 1821. Realizada para el arco del triunfo en París. Cuando se mira el mundo natural y los seres vivos, es fácil llegar a la conclusión de que al Creador debe gustarle la variedad, la inmensidad, el espacio ilimitado, la multiplicidad de formas, la exageración de recursos. En el mundo hay actualmente unos siete mil millones de personas y, aunque algunas de sus caras puedan parecerse, no hay dos absolutamente idénticas. A Dios le gusta la diversidad.

Por otro lado, todos estos argumentos presuponen lo que Dios debería haber hecho, o aquello que debería pensar o ser. Pero, la realidad es que no hay razón para creer que podemos saber estas cosas. Que exista esta increíble inmensidad cósmica o la enorme diversidad biológica no es un argumento contra la existencia de Dios. A nosotros puede parecernos que el Universo presenta una gran ineficiencia energética y espacio-temporal, pero el Creador puede haber tenido sus gustos, preferencias o sus buenas razones para hacerlo así, aunque no podamos entenderlo desde nuestra finitud humana.

Por otro lado, algunos científicos como el catedrático de física de la Universidad Autónoma de Barcelona, el Dr. David Jou, creen que el cosmos tiene que ser así de inmenso para que pueda darse la vida en la Tierra.[1] Los átomos que conforman nuestro cuerpo y el del resto de los seres vivos se formaron en los núcleos de las estrellas, que son auténticos hornos nucleares. Cuando las estrellas estallaron, como en las explosiones de supernovas, dichos átomos viajaron por el espacio hasta agregarse y formar los planetas. La Biblia dice que Dios formó al hombre del polvo de la Tierra. Todos los elementos químicos de nuestro cuerpo están presentes también en las rocas de la corteza terrestre. Por eso se requiere un universo tan enorme. La inmensidad del mismo, dada por el producto de su antigüedad y la velocidad de expansión de la frontera observable -la velocidad de la luz- es una condición necesaria para nuestra existencia. Solo podemos existir en un cosmos tan grande como el que habitamos.

5.5. Si Dios existe, ¿por qué permite el mal?

Este es, quizás, el argumento más famoso, del que más se ha escrito, el más fuerte contra la existencia de la divinidad y que, incluso, ha dado lugar a toda una disciplina teológica: la teodicea. Los adversarios del teísmo dicen que es incoherente admitir la existencia del mal y afirmar, a la vez, la omnipotencia y la bondad de Dios. Es cierto que no comprendemos las razones de Dios para permitir el mal en el mundo. Pero, aunque esto sea así, no podemos deducir de tal desconocimiento que Dios no exista. Precisamente, porque no sabemos las razones que Dios pudo tener para permitirlo. ¿Un Dios todopoderoso no podía haber evitado el mal y el sufrimiento, creando seres humanos incapaces de hacer el mal? Sí, podría haberlo hecho…, pero tales seres no serían humanos.

La esencia del ser humano es la libertad (el libre albedrío), la capacidad para poder elegir, para decir "sí" o "no". Para poder amar, tenemos que ser

1. Jou, D., 2008, *Déu, Cosmos, Caos*, Viena Edicions, Barcelona, p. 113.

libres para odiar; ser libres para ser buenos implica también ser libres para ser malos. Es cierto que Dios pudo crearnos como autómatas. Programados solo para el bien, como juguetes que únicamente se mueven cuando se les tira de la cuerda. Pero Dios no quiso degradarnos a ser juguetes o máquinas autómatas.

Quizás el estado de maldad y guerra constante en el mundo sea el precio de la libertad humana. ¿No es éste un precio demasiado alto? ¿Y el precio que pagó Dios? ¿Qué hace Dios colgando en una cruz? No es solo solidaridad con el sufrimiento humano, sino que Jesucristo expió nuestro pecado y resucitó, iniciando así la derrota de la muerte y el mal.

Por otro lado, curiosamente, quienes acusan a los creyentes de no poder explicar el problema del mal, tampoco ofrecen ninguna respuesta satisfactoria desde el materialismo. La explicación naturalista del mal es que se trata del resultado lógico de los procesos de la naturaleza. Desde esta perspectiva: no podemos decir, por ejemplo, que matar al enemigo sea algo malo porque así es como funciona la naturaleza. Las horribles masacres cometidas por Hitler, Stalin, Mao, Osama Bin Laden o cualquiera de los muchos villanos que ha habido a lo largo de la historia, serían equiparables a la acción de los leones cuando devoran cebras, gacelas o a un facócero como éste de la imagen. La hostilidad hacia los extraños habría que entenderla solo como el esfuerzo de los genes por asegurar la supervivencia. Y no habría nada perverso o antinatural en ello. Esto es lo que dice, por ejemplo, el famoso biólogo ateo Richard Dawkins y los demás ideólogos del *Nuevo ateísmo*.

Sin embargo, desde la fe cristiana, lo que hicieron todos estos dictadores asesinos fue algo profundamente perverso y profundamente horroroso. Fueron actos objetivamente malos y horribles. Fueron crímenes contra la humanidad. Luego, el problema del mal en el mundo no es menos fácil de explicar para el incrédulo que para el creyente. No obstante, la Escritura afirma -como sabéis bien- que el mal es consecuencia directa de la rebeldía humana contra Dios; que el Creador no nos diseñó para la muerte sino para la vida; y que, algún día sobrevendrá una nueva y gloriosa creación de cielos nuevos y tierra nueva donde morará definitivamente la justicia y la bondad (2ª Pedro 3:13).

Conclusión

Ninguno de estos cinco argumentos puede demostrar que Dios no exista. Por supuesto hay muchas objeciones más, unas más fuertes que otras. Pero, lo cierto es que ningún razonamiento humano consigue eliminar definitivamente la necesidad del Creador. El problema, cuando dialogamos con no creyentes o al presentarles el Evangelio, es desconocer las respuestas adecuadas a cada uno de estas objeciones contra Dios. Quedarnos sin palabras, sin argumentos coherentes. Porque entonces, parece que ellos tienen la verdad y nosotros estamos equivocados. Y, lo que es peor, aún les reafirmamos más en su escepticismo. El cristiano tiene la obligación de pensar y reflexionar las cosas del Espíritu. Debemos leer, escudriñar y madurar en nuestra fe para poder ayudar a otros, a todos aquellos que demanden razón de la fe que profesamos. Porque tenemos la obligación de mostrar a nuestra generación que el ateísmo es una vía muerta, un camino equivocado.

1. El ateísmo no satisface las necesidades más profundas del ser humano

Se podría decir que es existencialmente frustrante porque implica reconocer que la vida humana carece de sentido. Únicamente en Dios el hombre y la mujer pueden encontrar el verdadero sentido de su existencia. Tal como dice Pablo: *nos gloriamos en Dios por el Señor nuestro Jesucristo, por quien hemos recibido ahora la reconciliación* (Rom. 5:11). Solo la fe en Dios reconcilia completamente al ser humano y le proporciona verdadera paz.

2. El ateísmo no responde a los grandes enigmas del alma humana: ¿quién soy? ¿qué es la vida? ¿por qué estoy aquí? ¿qué hay después?

Sin Dios, como dijo el Predicador; *vanidad de vanidades, todo es vanidad* (Ecl. 1:2). En el ateísmo la vida es un sinsentido porque no podemos saber quiénes somos, ni cuál es el sentido de nuestra existencia ya que todo termina con la muerte. Se impone la antropología materialista: solo somos "monos desnudos", genes y células. Nada más.

¿Por qué está aumentado hoy el número de suicidios en el mundo? Porque la gente ha dejado de creer en Dios y ya no tiene ningún tipo de esperanza trascendente. La esperanza es a la existencia humana como el oxígeno a los pulmones. La asfixia existencial que provoca el cáncer del ateísmo está debilitando y acabando con nuestra generación en Europa y otros lugares de Occidente.

3. El ateísmo convierte al ser humano en un dios

Es moralmente egocéntrico. Si Dios no existe, entonces todo me está permitido porque yo soy dios. El narcisismo se apodera de las personas que se creen el centro del mundo. Enamoradas de sí mismas. Endiosadas. ¿Quién dijo a la primera pareja humana, en Génesis: *¿Seréis como Dios?* El diablo simbolizado por la serpiente. Y ¿qué había que hacer para convertirse en Dios? Desobedecerle. Esta manera de entender la vida humana, dando prioridad absoluta solo a lo propio, lo inmediato, lo cotidiano, repercute negativamente sobre la creencia en el más allá. No solamente se rechazan los compromisos estables sino también cualquier referencia a los valores permanentes, y desde luego, a la trascendencia. ¿Cómo amar al prójimo cuando el amor se agota en uno mismo? ¿Cómo preocuparse por los otros cuando el interés del "yo" lo acapara todo? No existe una filosofía de vida más opuesta al cristianismo que la del narcisismo contemporáneo.

4. Y, por último, el ateísmo genera fragilidad en las relaciones humanas

El narcisismo conduce inevitablemente al individualismo y al egoísmo. Hace poco más de veinte años, escribí estas palabras en mi libro *Postmodernidad* (Clie, 1996): *La cultura del placer es la responsable de este individualismo postmoderno. (…). Hoy cada cual busca su propio bienestar sin pensar demasiado en el de los demás. (…). Se mitifica lo privado y se destruye lo público.* (p. 69).

Hoy, dos décadas después, el egoísmo, la corrupción, la evasión de impuestos, los paraísos fiscales, la deslealtad, las crisis conyugales y familiares, etc., etc., han incrementado el individualismo hasta extremos insospechados. Y con frecuencia oímos decir: "Yo no necesito a Dios", como si la fe dependiera de las necesidades o las apetencias de la persona. Pero resulta que la existencia de Dios no depende de los apetitos humanos. Hoy vemos ejemplos de fragilidad en las relaciones humanas por todas partes: crisis de fidelidad (matrimoniales, profesionales, sociales, eclesiales, espirituales, etc.); inestabilidad social; rechazo de los compromisos estables o duraderos. Alguien ha dicho que "Hoy, lo único que existe a largo plazo son las hipotecas". Y esta fragilidad en las relaciones humanas genera agresividad, violencia, corrupción, furor y afán destructivo.

Estas son algunas de las razones que me han motivado a escribir el libro *Nuevo ateísmo* (Clie, 2017): poner un grano de arena para ayudar a los creyentes en la defensa de la fe cristiana, ante una sociedad cada vez más escéptica, más materialista y alejada de lo espiritual.

Una de las imágenes más famosas de nuestra época, que fue tomada en 1990 por la sonda espacial *Voyager*, mientras viajaba por el Sistema Solar exterior, fue la de la Tierra. Se veía muy pequeña, como un "punto azul pálido". El conocido astrónomo Carl Sagan comentó que *aquella solitaria mota en la gran oscuridad cósmica lo ponía todo en su debida perspectiva.* Lo que quería decir, en realidad, es que somos insignificantes comparados con la inmensidad del espacio y que estamos solos en el universo. Por tanto, no deberíamos esperar que desde ningún lugar del mismo viniera nadie para salvarnos. Yo creo, cuando contemplo esa misma imagen, que Sagan estaba equivocado, mientras que el salmista estaba en lo cierto: *Cuando veo tus cielos, obra de tus dedos, la luna y las estrellas que tú formaste, digo: ¿Qué es el hombre, para que tengas de él memoria?* Salmo 8:3-4.

Los seres humanos somos parte de la creación de Dios y hemos sido amados por Él desde la eternidad. Nuestras vidas están diseñadas y ungidas por la trascendencia. No estamos solos en el cosmos sino que tenemos un Padre misericordioso que, como escribió el salmista, *sustenta nuestra suerte* (Sal 16:5). Y esto significa también que cada uno de nosotros podemos ser relevantes en los planes del Creador.

CAPÍTULO 6
La nueva física y el Dios creador

Antes del siglo XX los científicos creían que la materia no podía ser creada ni tampoco destruida mediante procedimientos naturales. Se pensaba que ésta podía cambiar o pasar de un estado a otro pero nunca desaparecer o aparecer súbitamente. En base a ello se suponía que el cosmos debía ser eterno. Es decir, que poseía una edad infinita, sin principio ni fin. Tal idea contradecía obviamente la fe bíblica en un Dios que había creado el universo a partir de la nada y en un momento determinado. La ciencia impugnaba el acto creador inicial, en el que se fundamentaba casi todo el mensaje de la Biblia, porque sencillamente la materia del cosmos no se podía crear.

Sin embargo, esta hipótesis acerca de la eternidad de la materia se vino abajo durante los años treinta del pasado siglo, cuando por primera vez se consiguió crear materia de forma artificial en el laboratorio. La famosa teoría de la relatividad de Einstein fue la primera en cuestionar aquel antiguo axioma acerca de que "la energía ni se crea ni se destruye, solo se transforma". La sencilla ecuación $E = mc^2$, demostraba que la masa y la energía eran en realidad magnitudes equivalentes. La masa de los cuerpos naturales tenía energía y ésta poseía, a su vez, masa. Como la masa refleja la cantidad de materia que hay en los objetos, resultaba posible afirmar que la materia era, en efecto, "energía atrapada". Si se liberaba dicha energía, desaparecía o se destruía también la materia y, al revés, si se conseguía concentrar la suficiente energía aparecía de nuevo la materia. Mediante los modernos aceleradores de partículas subatómicas se hizo posible aumentar la velocidad de los electrones y protones hasta comprobar que, en efecto, sus masas aumentaban también considerablemente.

Basándose en los planteamientos de Einstein, el matemático inglés, Paul A. M. Dirac, predijo en 1930 que si se pudiera concentrar suficiente energía, sería posible crear materia. Esta intuición se demostró tres años más tarde, cuando un colega suyo, llamado Carl Anderson, observó la aparición de un *antielectrón*. El físico Paul Davies lo explica así: "Carl Anderson, en 1933, se encontraba estudiando la absorción de los rayos cósmicos (partículas de alta energía provenientes del espacio) por láminas metálicas cuando reconoció de una manera inequívoca la aparición del antielectrón de Dirac. Se había creado materia en el laboratorio en un experimento controlado.

Se verificó rápidamente que las nuevas partículas poseían las propiedades que cabía esperar. Por esta brillante predicción y el posterior descubrimiento, Dirac y Anderson compartieron el Premio Nobel." (Davies, *Dios y la nueva física*, Salvat, 1988b: 34).

Después de este importante hallazgo, la producción de materia, en forma de electrones y antielectrones (también llamados *positrones*), se fue convirtiendo en algo habitual en los laboratorios de física cuántica. Más tarde empezaron a obtener también otros tipos de partículas subatómicas, como *antiprotones, antineutrones*, etc., y se almacenaron en recipientes llamados botellas magnéticas. En general, a todas estas antipartículas obtenidas de forma natural se las denomina hoy comúnmente como *antimateria*. Cada tipo de partícula de materia posee su antipartícula correspondiente. Pero, además, en base a la teoría del Big Bang, la ciencia acepta que tanto la energía como la materia que constituyen el universo, tuvieron su origen a partir de la nada en el acto creador inicial. Por lo tanto, la física no solo permite en la actualidad hablar acerca del origen de la materia que constituye el universo, sino que postula también un principio temporal para la misma.

La antigua idea sobre la eternidad del mundo material, que sostenían algunos filósofos griegos materialistas y los científicos decimonónicos, ha sido sustituida en el seno del pensamiento científico contemporáneo por otra idea que actualiza uno de los principales pilares de la revelación bíblica, la creación de todo lo que existe. Por tanto, se diga lo que se diga, la cosmología actual coincide en sus predicciones sobre el origen de la materia del universo con aquellas antiguas palabras que inician la Escritura: *En el principio creó Dios los cielos y la tierra*.

No obstante, aquellos que se empeñan en no aceptar a un Creador sabio, arguyen que si hoy es posible para el hombre crear materia de forma natural en el laboratorio, ¿por qué no pudo originarse también así al principio, por medios exclusivamente naturales y sin la intervención de ningún agente sobrenatural? La refutación de esta posibilidad viene de la propia ciencia física. Resulta que cuando la materia y la antimateria se hallan juntas, se destruyen mutuamente liberando una enorme cantidad de energía. Se trata de un fenómeno natural opuesto al de la creación de materia. De modo que es como un pez que se muerde la cola. Cuando en el laboratorio se concentra artificialmente la suficiente energía se obtiene la misma cantidad de materia que de antimateria. Pero si éstas entran en contacto, se eliminan recíprocamente en una explosión que libera toda la energía que contienen. ¿Cómo pudo entonces al principio crearse toda la materia del cosmos sin ser contaminada y destruida por su correspondiente antimateria? ¿Dónde está hoy en el universo toda la antimateria que debió originarse durante la creación? Si tal formación de materia ocurrió solo mediante procesos naturales, como algunos creen, ¿no se debería hallar una proporción equilibrada al 50% de materia y antimateria? Sin embargo, las investigaciones cosmológicas muestran que la cantidad máxima de antimateria existente en nuestra galaxia es prácticamente despreciable.

A pesar de los intentos de algunos astrofísicos por dar solución a este dilema, lo cierto es que no se ha propuesto ninguna explicación satisfactoria capaz de argumentar la necesaria separación entre materia y antimateria. Se argumenta que aunque en los laboratorios actuales se obtiene siempre materia y su correspondiente antimateria simétrica, al principio pudo no ser así ya que las condiciones de elevada temperatura que debieron imperar entonces quizás hubieran permitido un ligero exceso de materia. Davies escribió: "[...] a una temperatura de mil millones de billones de grados, temperatura que únicamente se podría haber alcanzado durante la primera millonésima de segundo, por cada mil millones de antiprotones se habrían creado mil millones de protones más uno. [...] Este exceso, aunque ínfimo, podría haber sido crucialmente importante. [...] Estas partículas sobrantes (casi un capricho de la naturaleza) se convirtieron en el material que, con el tiempo, formaría todas las galaxias, todas las estrellas y los planetas y, por supuesto, a nosotros mismos. (Davies, *Dios y la nueva física* 1988b: 36). Sin embargo, ¿no es esto también un acto de fe que no se puede comprobar satisfactoriamente?

La idea de un universo simétrico en el que existiría la misma cantidad de materia que de antimateria, fue abandonada ante la realidad de las observaciones. El cosmos actual es profundamente asimétrico y esto constituye un serio inconveniente para explicar su origen mediante mecanismos exclusivamente naturales. Algo o alguien tuvieron que intervenir de manera inteligente al principio para separar la materia de la antimateria. En realidad, se trata de un problema de fe naturalista en los "mil millones de protones más uno" a que se refiere Paul Davies o fe en el Creador que dijo: "sea la luz; y fue la luz" de Génesis uno.

Pero hay otra cuestión. La creación natural de materia a partir de energía, o del movimiento de partículas subatómicas, que provoca hoy el ser humano por medio de sofisticados aparatos, no es comparable a la creación divina del universo a partir de la nada absoluta. Hay un abismo entre ambas acciones. Donde no hay energía, ni movimiento, ni espacio, ni materia preexistente, ni tiempo, ni nada de nada, no es posible que surja algo de forma espontánea. Cada acontecimiento debe tener una causa previa. No es posible obviar que el universo tiene una causa. Desde el naturalismo científico, que descarta cualquier agente sobrenatural, es imposible comprender cómo la creación a partir de la nada pudo suceder de manera natural.

6.1 La teoría cuántica

En el año 1900, Max Planck descubrió en Berlín que la luz solo podía emitirse y ser absorbida si se consideraba que lo hacía en paquetes discretos, a los que llamó *cuantos* (*quanta*). La teoría cuántica modificó todas las ideas que se tenían acerca de la materia y la radiación y se empezó a hablar por primera vez de cuantos de luz o *fotones*. La teoría cuántica dividió la física en dos mundos bien diferentes, el de Newton, claro y diáfano como la física clásica y este otro mundo oscuro y complicado en el que todavía nos encontramos, de la física de partículas de Heisenberg y Schrödinger. De la teoría cuántica se desprenden los siguientes principios.

6.1.1. Principio de superposición (dualidad onda-corpúsculo)

Se trata de una auténtica paradoja que afirma que una misma entidad puede presentar tanto propiedades ondulatorias como corpusculares. Es decir, que un electrón o un fotón pueden comportarse unas veces como una partícula y otras veces como una onda. Esto es algo inconcebible en la física clásica, porque una partícula se considera un trozo de materia real concentrada y una onda, una especie de perturbación amorfa capaz de extenderse y desaparecer en el espacio. ¿Cómo es posible que un electrón sea a la vez una partícula y una onda? La física cuántica responde a este enigma con el ejemplo de la mente y el cerebro.

De la misma manera que la mente humana es capaz de producir impulsos neuronales y pensamientos, ¿por qué no pueden también las partículas subatómicas ser corpúsculos materiales y, a la vez, ondas de conocimiento e información? La materia contiene información y, por tanto, es producto del conocimiento. El experimento de la doble rendija de Thomas Young sirvió para ilustrar tan extraña propiedad de la materia. ¿Cómo es posible tan extraño comportamiento? ¿Acaso la materia es inteligente? ¿Está la materia ligada a la mente humana? Hasta ahora nadie ha dado una respuesta que satisfaga a todos. Se ha dicho que quizás exista una incompatibilidad entre la materia y los aparatos de medida o que, tal vez, sea la conciencia la que juega un papel determinante en este misterioso asunto. Otros están convencidos de que deben existir variables ocultas que todavía no han sido descubiertas. Incluso algunos físicos hablan de que en cada medición cuántica la realidad podría dividirse en toda una serie de mundos paralelos. Pero si la materia se comporta de manera inteligente, ¿cómo pudo originarse sin una causa también inteligente?

6.1.2. Principio de incertidumbre

El principio de incertidumbre se debe al físico alemán, Werner Heisenberg, en 1927 y puede definirse así: *No es posible conocer con exactitud el estado actual de ningún corpúsculo material.* Este principio físico es, en realidad, una ley de la naturaleza que limita notablemente la capacidad humana para medir con precisión aquello que se observa. Hay ciertas magnitudes materiales complementarias, como la posición de un electrón y su velocidad, que no pueden ser medidas a la vez. Cuanto mejor se mide una, más imprecisa resulta la otra y viceversa. En realidad, lo que ocurre es que al determinar la posición exacta de una partícula, ésta se comporta como si no se moviera y, al revés, cuando se mide su velocidad, de hecho, la partícula en cuestión carece de posición exacta. ¿Cómo es posible entonces tener la certeza de que existe una partícula, cuando no es posible determinar su posición en el espacio ni tampoco, al mismo tiempo, la velocidad a que se mueve? ¿Son reales los corpúsculos materiales?

Algunos físicos llegaron a sugerir que los átomos, cuando no se les estudia, son auténticos fantasmas y solo se vuelven materiales en el momento en que se les invoca por medio de una sola pregunta. Si se les pide dónde se encuentran responden, si se les pregunta cuál es la velocidad a la que se desplazan también lo hacen, pero siempre enmudecen cuando estas dos cuestiones se les formulan juntas. El principio de incertidumbre es una ley fundamental del mundo que posee importantes repercusiones no solo para la física sino también para la filosofía e incluso, para la teología. Semejante descubrimiento supuso un duro revés a la idea de un universo determinista. En efecto, si no resulta posible medir el estado actual del mundo, entonces hay que admitir que las antiguas pretensiones de la ciencia, desde la época de Laplace, de conocer con exactitud los acontecimientos futuros, se vienen abajo por completo. ¿Qué relación hay entre el principio de incertidumbre y la fe en el Dios Creador de la Biblia? ¿Está todo determinado de antemano o la realidad se mueve en la más absoluta libertad? ¿Vivimos en un universo *determinista* o *indeterminista*?

El determinismo es una doctrina materialista que sostiene que el ser humano está programado desde un principio (determinado) a obrar en un sentido. Desde esta concepción, la psicología determinista afirma que la voluntad de la persona vendría siempre condicionada por múltiples motivaciones conscientes e inconscientes que actuarían en cada momento. Por tanto, conociendo bien el carácter de un individuo, así como sus hábitos y móviles, sería posible predecir cómo va a actuar frente a cada situación concreta. El comportamiento humano sería así predecible ya que obedecería a leyes determinadas, mientras que el libre albedrío, tan solo un sueño o una quimera del hombre.

En general, puede decirse que han sido deterministas los siguientes sistemas de pensamiento llevados a su extremo:

- el materialismo: no existe Dios, solo la materia.
- el fatalismo: no se puede cambiar el destino de las cosas.
- el naturalismo: la naturaleza es lo único que existe.
- el panteísmo: Dios es el mundo.
- el positivismo: la razón es el único medio de hallar la verdad.
- el empirismo: le experiencia es la única fuente de conocimiento.
- el racionalismo: solo la ciencia puede descubrir la verdad.
- y el biologismo: la biología explica no solo a los seres vivos sino también los fenómenos psicológicos y sociales.

Todos ellos defendieron que las leyes naturales son de naturaleza mecanicista. Es decir, que todos los fenómenos naturales se explicarían perfectamente por medio de leyes mecánicas que no podrían alterarse nunca y afectarían a la generalidad de los seres del cosmos, siendo por tanto imposibles las excepciones a dichas leyes, los llamados *milagros* o las intervenciones sobrenaturales. En general, es posible afirmar que la ciencia clásica fue marcadamente determinista ya que entendía la materia, el cosmos y la propia vida como piezas de un gran reloj sometido a leyes inmutables que no podían ser alteradas. Un mundo en el que apenas había espacio para la libertad. No obstante, el cristianismo siempre se opuso a esta visión empobrecedora y reduccionista de la realidad. La mayoría de los pensadores cristianos se manifestaron contra el determinismo absoluto. La propia concepción bíblica de un Dios Creador omnipotente y providente, contradice la posibilidad de que pudiera estar de algún modo imposibilitado para actuar en el mismo universo que él ha creado. Si Dios es el Creador de todo a partir de la nada, ¿cómo no va a poder alterar las mismas leyes que ha diseñado?

Desde luego no lo hará arbitrariamente, contradiciéndose a sí mismo, sino solo cuando lo exija su plan divino. De la misma manera, el comportamiento humano no puede ser explicado solo por argumentos físicos y químicos. Cada persona es un ente racional con conciencia y capacidad para elegir entre el bien y el mal. Si se niega esta realidad y se pretende que toda acción viene ya determinada de antemano, ¿dónde queda la libertad? Sin libertad no hay responsabilidad y sin ésta el individuo se distingue muy poco del bruto o el animal irracional.

No es que la Palabra de Dios necesite el apoyo de la ciencia, pero lo cierto es que los últimos hallazgos de la física cuántica vienen a confirmar lo que la Biblia enseña desde hace milenios. La física actual está contra el determinismo que antes profesaba la misma ciencia. Se ha descubierto que existe una especial libertad en todas las partículas subatómicas que conforman la materia. Parecen poseer una misteriosa capacidad de elección que únicamente puede provenir de una mente racional que sabe elegir bien y las ha creado así. Esta singularidad de lo ínfimo lleva a pensar, desde la fe, que Dios en la creación, del milagro hizo naturaleza. Pero una naturaleza indeterminista cuyas partículas esenciales son libres para actuar, y no están sometidas inevitablemente a la tiranía de unas leyes mecanicistas que se oponen a la acción divina en el mundo.

El hecho de que el estado mecánico de las partículas elementales no parece determinar su estado futuro, no significa sin embargo que Dios no esté en el control del universo. Nada impide creer que detrás del indeterminismo subatómico, o la libertad corpuscular, está la mano del Creador que prosigue sustentando permanentemente el mundo. Dios no puede estar limitado por su propia creación. La indeterminación de lo material puede conformar perfectamente un universo ordenado y controlado hasta en sus mínimos detalles por Dios. La aparente anarquía frenética de los electrones es, por ejemplo, el sustento material de un órgano tan altamente sofisticado y coordinado con el resto del cuerpo, como el cerebro humano. Por tanto, el desorden cuántico es usado para mantener el evidente orden natural.

El Creador optó por la libertad en todos los rincones del cosmos, incluso asumiendo el riesgo que esto implicaba, ya que la mala elección obrada por las criaturas ha traído siempre las peores consecuencias. Pero, a pesar de todo, Dios concede la capacidad de elección porque ama la libertad, característica esencial de la persona humana y también de toda materia creada.

6.1.3. Propiedad de la no-localidad

Una de las muchas repercusiones que tuvieron los estudios de Einstein llevados a cabo con algunos colaboradores, durante la década de los treinta del pasado siglo, fue la extraña *propiedad de la no-localidad* que tenían las partículas subatómicas. Esto significa que si dos entidades cuánticas han permanecido juntas o han interactuado mutuamente, cuando se separan continúan influenciándose entre sí. Da igual que una de ellas se aleje miles de kilómetros de la otra, todo lo que le ocurra a una afectará también a la otra. Cualquier medición que se haga en un laboratorio sobre una partícula repercutirá inmediatamente en el estado de su hermana, por muy alejadas que estén. Es como rascarle la espalda a una persona que se encontrara a 3000 kilómetros de distancia. No existe mejor ejemplo de fraternidad y solidaridad subatómica que este misterio de la no-localidad. La materia posee memoria y sensibilidad.

Pues bien, semejante cualidad de la materia va contra todo reduccionismo que diga que los entes materiales, sean piedras, árboles o personas, pueden ser perfectamente explicados analizando sus partes más pequeñas por separado, como propone el materialismo. La antigua creencia de la *teoría holística*, que afirmaba que el todo es solo la suma de sus porciones individuales, se derrumba ante el descubrimiento del efecto de la no-localidad. La vinculación que hay entre partículas separadas confirma que los seres creados son mucho más que un puñado de elementos químicos entrelazados. Hay entre los corpúsculos materiales relaciones que se escapan cuando éstos son analizados individualmente. Describir el átomo no significa ni mucho menos explicar la célula. Comprender las reacciones bioquímicas que ocurren en el citoplasma no es lo mismo que entender el diseño del músculo, del corazón o de los riñones. Descubrir las relaciones fisiológicas entre células nerviosas no implica conocer por completo la mente humana.

El hombre no es solo un conjunto de órganos dirigidos por las neuronas del cerebro, al modo de cualquier computadora futurista. La conciencia, emotividad y espiritualidad son características que no pueden entenderse diseccionando encéfalos. El todo no queda esclarecido por completo en la parte, pues hay realidades globales que trascienden las características de la fracción. Además de esto, resulta que las partes mismas poseen relaciones especiales entre ellas que también trascienden lo que hasta ahora se pensaba. Esto es lo que confirma la propiedad de la no-localidad. El cosmos subatómico no puede entenderse por medio de los conceptos del cosmos atómico. El corazón de la materia está repleto de sorpresas para nuestra mente racional acostumbrada a la objetividad que le proporcionan los sentidos. Pero la ciencia actual enseña que en el universo es más importante la inteligibilidad, la posibilidad de entender, que el carácter objetivo de la propia realidad.

Hoy se cree en los electrones, protones o fotones, no porque se les vea claramente, sino porque con ellos cobra sentido la actual concepción del mundo físico. Hay mucho más misterio en las entrañas de la materia de lo que jamás hubiéramos podido suponer. En ciertos ámbitos de la actual investigación científica, podrían aplicarse perfectamente aquellas antiguas palabras del apóstol Pablo: *porque por fe andamos, no por vista* (2 Co. 5: 7). Hoy se considera que las partículas de lo material no existen por sí mismas sino solo a través de los efectos que provocan y a tales efectos se les denomina *campos*. La mayoría de las partículas son inestables, solo existen durante una pequeña fracción de segundo. En tales condiciones es difícil distinguir entre "reales" e "irreales". Por lo tanto, los materiales y objetos que usamos para vivir no serían en el fondo más que conjuntos de campos diferentes que interactúan incesantemente entre sí.

En lo profundo de la materia no habría más sustancia física qua la vibración o el movimiento y lo real sería ese encuentro fugaz o fantasmagórico entre las distintas fuerzas del cosmos. Todo aquello que antes se consideraba sólido y estable, como los minerales, las rocas o los metales que hay en las entrañas de la corteza terrestre, son en su realidad última un cimbreante mundo de oscilaciones energéticas, de apariciones y desapariciones de partículas, de vacío interno y desenfreno atómico.

Cualquier ser del universo, desde las estrellas a las personas pasando por las microscópicas amebas, se halla sometido a esta continua agitación. Incluso hasta el espacio y el tiempo son proyecciones ligadas a los mismos campos fundamentales. ¿Qué es entonces lo real que subyace en ese conjunto de campos? ¿Mera ilusión? ¿Pura apariencia? O quizás, bajo esa capa de fuerzas encontradas pueda descubrirse que la realidad, después de todo, no estaba hecha de materia, sino de espíritu. **¿Está la materia hecha de espíritu?**

Esto es precisamente lo que proponen Jean Guitton y los Bogdanov en su libro, *Dios y la ciencia* (1994). Según ellos, no existiría mejor ejemplo de esa interpenetración entre la materia y el espíritu que el comportamiento que manifiestan los fotones. Resulta, como hemos señalado, que cuando el investigador humano intenta observar la onda del campo producida por un fotón, ésta se transforma inmediatamente en una partícula precisa y deja de ser un campo; por el contrario, cuando se la analiza como partícula material entonces se comporta como onda. ¿Influye la conciencia humana del investigador en el comportamiento de la materia que estudia e incluso en el resultado de su medición?

Los físicos han llegado a la conclusión de que los fotones cuando no son observados conservan abiertas todas sus posibilidades. Es como si tuvieran conocimiento de que se les está estudiando, así como de lo que piensa y hace el observador. Como si cada ínfima parte de la materia estuviera en relación con el todo. Como si la conciencia no solo estuviera en el científico sino también en la propia materia analizada. ¿No es esto algo sorprendente? Ante tales indicios, muchos científicos han empezado a sospechar que detrás del universo y de las leyes que lo rigen se esconde una mente sabía que domina muy bien las matemáticas. Una inteligencia capaz de calcular, relacionar, programar y dirigir el mundo, haciendo imposible que el caos llegue a anular alguna vez al orden. En realidad, los campos generados por las cuatro fuerzas fundamentales del universo no son otra cosa que pura información.

El cosmos aparece hoy como una gran mesa mezcladora constituida por múltiples interruptores, colocados cada uno de ellos en la posición precisa para que todo funcione y sea posible la vida y la conciencia humana. Existe un orden implícito no solo en los seres vivos sino también, escondidos en las profundidades del mundo material. El universo rebosa intención desde la partícula más elemental a la más remota galaxia. Y en las fronteras invisibles de la materia, allí donde se hace borrosa la realidad, se intuyen los caminos del espíritu.

La física actual le da la razón a Heráclito al demostrar que en el universo *todo fluye* sin cesar. La materia del cosmos es perfectamente cambiante en el tiempo. Pero esta evidente mutabilidad universal exige la existencia de otra realidad que sea inmutable por su propia naturaleza. La ciencia actual amplía este antiguo argumento acerca de la existencia de Dios. Un mundo cambiante requiere un Creador que no cambia ni es afectado por el tiempo cósmico. Desde luego, esta es una reflexión filosófica que no hay que confundir con las conclusiones científicas.

En resumen, la nueva física no puede demostrar la existencia de Dios, debido a las exigencias de su propio método, como tampoco puede llevar a nadie al ateísmo. Sin embargo, cuando el sentido común reflexiona acerca de los últimos descubrimientos de estava física especial, es inevitable que el ser humano levante sus ojos a los cielos y reconozca la necesidad de un Creador inmutable que es la razón misma del universo. Como escribió el salmista: *Cuando veo tus cielos, obra de tus dedos, la luna y las estrellas que tú formaste, digo: ¿qué es el hombre, para que tengas de él memoria, y el hijo del hombre, para que lo visites?*

CAPÍTULO 7
Los cinco grandes problemas actuales de la evolución

La teoría de la evolución, cuyo origen se debe a Charles Darwin, ha arraigado plenamente en la sociedad occidental. Es una teoría que ha logrado fundamentar gran parte de las ideologías actuales y que se ha venido enseñado durante muchos años en las universidades y centros de educación secundaria e incluso en la escuela elemental. Sin embargo, a finales del año 2016 se celebró en Londres, en la *Royal Sociaty*, un encuentro mundial de biólogos evolutivos con el fin de tratar acerca de los importantes problemas científicos que todavía sigue planteando dicha teoría. En dicho encuentro participaron investigadores de primera línea como: James Saphiro, Gerarg Muller, Elis Nobel y Eva Jablonka, a quienes se les pidió que tratasen acerca de las principales lagunas de conocimiento que tiene actualmente el neodarwinismo.

Se debatieron diversos aspectos y se puso de manifiesto, en primer lugar, la gran distancia que existe entre las opiniones de los eruditos y las del resto de la sociedad. Es decir, los divulgadores y la gente común continúan creyendo y enseyando principios, por medio de los libros de texto, que fueron descartados hace ya tiempo por los expertos en evolución. En resumen, se concluyó que la teoría de la evolución se enfrenta hoy a los siguientes cinco problemas fundamentales que aún no han sido convenientemente explicados por lo evolucionismo.

7.1. El mecanismo de mutación y selección natural es incapaz de generar la complejidad biológica existente en la naturaleza

La genética ha puesto de manifiesto que la selección natural no es una fuerza creadora sino únicamente estabilizadora y preservadora de las especies biológicas. La selección natural existe en la naturaleza pero no crea información nueva sino que actúa manteniendo en perfectas condiciones a las especies existentes. Es capaz de eliminar a los individuos deficientes, enfermos o portadores de anomalías incompatibles con un determinado ambiente, protegiendo y depurando así el patrimonio genético existente de esa especie. Pero no aparecen genes nuevos capaces de generar órganos o funciones distintas que añadan más información gracias a la selección natural. Esta era una suposición fundamental del darwinismo que no se ha visto corroborada en el mundo natural. De ahí que muchos biólogos estén buscando algún otro mecanismo que sea capaz de dar cuenta de la gran diversidad existente en la biosfera.

Más bien, lo que puede observarse hoy es que las mutaciones o errores en el ADN se acumulan en el genoma y son fuente de desorden, disfunción y muerte. El genoma humano ha estado degenerando durante la mayor parte de la historia registrada. Mutaciones perjudiciales que en el pasado no existían, se han ido produciendo solo en el período de la historia humana. El genetista norteamericano, John Sanford, ha estudiado este concepto de "entropía genética" y ha llegado a la conclusión de que, de la misma manera que según la segunda ley física de la termodinámica, el grado de entropía o desorden aumenta en los ecosistemas físicos cerrados, también en las células de los seres vivos (que son sistemas biológicos) se producen mutaciones degenerativas y desorganización.

El grado de desorden se va acumulando lentamente en el ADN humano y la selección natural sería incapaz de eliminarlo. Se ha comprobado que más del 90% de las mutaciones perjudiciales no pueden ser eliminadas por la selección natural. Existen desde luego mecanismo biológicos para solucionar el problema de las mutaciones, es decir, cuando se producen esos errores de copia, automáticamente hay una maquinaria en el ADN que repara esos errores, pero a pesar de la rapidez con que opera esa maquinaria bioquímica, los errores aumentan a mayor velocidad de lo que pueden ser eliminados.

En un conocido experimento evolucionista llevado a acabo a lo largo de varias décadas, en el que fueron cultivadas unas treinta mil generaciones de bacterias (*E. coli*) bajo condiciones artificiales, sus autores concluyeron que habían demostrado la evolución en acción en el laboratorio. Sin embargo, cuando estos resultados se analizaron detenidamente lo que se comprobó fue precisamente todo lo contrario. No había habido evolución progresiva sino degeneración. Es cierto que algunas de las bacterias que mutaban crecían más rápidamente en el medio artificial del laboratorio, pero lo hacían solo porque estaban perdiendo los mecanismos que habitualmente utilizan en plena naturaleza pero no ganaban nada nuevo.[1]

El biólogo Michael J. Behe, un evolucionista proponente del diseño inteligente, escribió al respecto lo siguiente: "Las bacterias de Lenski y sus colegas, cultivadas en condiciones de laboratorio, no tenían que competir con otras especies distintas como ocurre en la naturaleza. Vivían en un

---

1. Paul D. Sniegowski, Philip J. Gerrish & Richard E. Lenski, 1997, "Evolution of High Mutation Rates in Experimental Populations of E. coli", Nature, 387 (June 12): 703-704.

ambiente estable, con abundantes nutrientes diarios, temperatura adecuada y sin depredadores que las eliminasen. Pero, ¿acaso los organismos no necesitan para evolucionar cambios en el ambiente y competencia por los recursos?"[2] La selección natural de las mutaciones al azar no puede ser la causa de la enorme biodiversidad que existe en el planeta. Este es el principal problema que tiene planteado actualmente el evolucionismo.

7.2. Las abruptas discontinuidades del registro fósil

Actualmente se conocen más de 300.000 especies distintas en estado fósil, sin embargo, las formas de transición que requiere el darwinismo no se han encontrado. Las principales clases de plantas y animales fósiles aparecen de golpe y ya perfectamente formados. No hay estadios intermedios ni se observan cambios evolutivos graduales en el mundo de los fósiles. Se han descubierto, por ejemplo, muchas clases de protistas fosilizados (organismos unicelulares o pluricelulares muy sencillos sin tejidos diferenciados) desde el precámbrico inferior, muchos otros invertebrados desde el precámbrico superior, aves en el precámbrico superior, etc. y así hasta llegar al propio ser humano; pero a pesar de tal abundancia de fósiles, apenas hay algunos que puedan considerarse como auténticos fósiles de transición. Si la hipótesis del gradualismo darwinista fuera cierta, debería haber miles y miles de estas formas intermedias. Pero, lo cierto es que no existen tales fósiles a medio camino entre los grupos bien establecidos.

Hubo una época, en la que se decía que el registro fósil era pobre porque todavía no se había buscado bastante, pero que cuando se rastrearan mejor los estratos de rocas sedimentarias, se encontrarían muchos eslabones perdidos. Sin embargo, actualmente puede afirmarse que se ha encontrado más bien todo lo contrario. Por ejemplo, ahí tenemos la famosa explosión del Cámbrico. En un breve período de tiempo aparecieron de golpe todos los tipos básicos de organización que conocemos hoy y algunos más que se extinguieron después. Este hecho comprobable le da por completo la vuelta al famoso árbol de la evolución darwinista. El propio Carlos Darwin decía que el árbol de la evolución quizás debió originarse a partir de una sola célula que apareció en el mar primitivo y, a partir de ahí, se fue diversificando dando lugar a todos los serse vivos actuales. Sin embargo, lo que tantos fósiles demuestran es que en el pasado existieron muchos más tipos básicos de organismos que en la actualidad y que, a pesar de eso, no se ha encontrado ninguna forma que sea significativamente intermedia entre los distintos tipos fundamentales.

2. Behe, M. J., 2008, *The Edge of Evolution*, Free Press, New York, p. 141.

Este problema del registro fósil llegó a ser tan grave que algunos científicos evolucionistas, como el famoso paleontólogo, Stephen Jay Gould, llegaron a perder la fe en la selección natural darwinista. Las evidente lagunas que mostraban los fósiles y el hecho de que la mayoría de las especies aparecieran ya perfectamente formadas en los estratos, le hicieron dudar de que el gradualismo y la selección natural de Darwin fuera la causa de la evolución. De ahí que Gould propusiera su nueva "teoría de los equilibrios puntuados" en la que supuestamente la evolución no avanzaría gradualmente, como sugirió Darwin, sino mediante saltos mutacionales bruscos seguidos por largos períodos de estasis en los que no habría cambio biológico o evolución.

De manera que quizás la evolución de las especies pudiera parecerse a la vida de un soldado, "largos períodos de aburrimiento seguidos por breves instantes de terror". Pero, ¿dónde podrían ocurrir tales macromutaciones bruscas? Gould dijo que quizás podrían haberse producido en los embriones, por lo que sería muy difícil detectarlas en los ejemplares fósiles. En otras palabras, la antigua teoría ya abandonada de que "algún día un reptil puso un huevo y lo que salió del huevo fue un pollito" volvía a contemplarse como posibilidad real. Ciertas macromutaciones embrionarias podrían haber contribuido a que nacieran ejemplares significativamente diferentes a sus progenitores. El problema es que no habría manera de verificar semejante hipótesis ya que apenas hay fósiles de embriones tan bien conservados como para estudiar tales divergencias. De ahí que actualmente los autores más eclécticos digan que quizás el cambio evolutivo se haya producido unas veces de forma gradual y otras según el equilibrio puntuado. Aunque, lo cierto es que ni el gradualismo de Darwin ni el equilibrio puntuado de Gould pueden explicar las muchas lagunas que muestra el registro fósil. Esto no lo dicen los creacionistas, ni los partidarios del Diseño inteligente, sino los propios biólogos evolutivos.

7.3. El origen de la información biológica

¿Cómo se han podido formar las estructuras primaria, secundaria y terciaria que evidencian los ácidos nucleicos (el ácido desoxirribonucleico o ADN y el ácido ribonucleico o ARN? El secreto de tales ácidos nucleicos son las cuatro bases nitrogenadas y lo que se ha observado es que aquello que cambia en las distintas especies es precisamente la proporción entre enlaces adenina-timina (A-T) y citosina-guanina (C-G). Tal divergencia de enlaces sería lo que define las características distintivas de las especies biológicas.

Esto es algo muy interesante porque cuando se compara el ADN de una especie con el de otra se observa que existen muchos parecidos. A veces se dice, por ejemplo, que los chimpancés y los humanos tenemos un 98% de ADN común, y esto se interpreta en el sentido de que ambas especies descenderíamos de un antepasado común que supuestamente habría vivido hace unos seis millones de años. El problema es que por mucho que nos parezcamos genéticamente, semejate parecido se desvanece cuando se analizan las proteínas de ambos grupos biológicos. En efecto, las semejanzas del genoma no se dan también en el proteoma (o conjunto de proteínas de una especie). Resulta que ese gran parecido del 98% del ADN entre simios y personas disminuye notablemente a tan solo un 20% de parecido proteico. Conviene recordar que las proteínas son en realidad las moléculas encargadas de realizar casi todas las funciones biológicas celulares. Esto significa que la información del ADN se expresa de distinta manera según la especie que la posea y el ambiente en que ésta viva (epigenética). Hoy por hoy, el evolucionismo carece de una explicación adecuada para semejante cuestión.

El ADN haploide contiene entre 3000 y 3200 millones de pares de bases nitrogenadas. Lo cual representa una información similar a la que podrían contener 860 libros distintos del tamaño de la Biblia. Tal información es capaz de hacer especies tan diferentes como una bacteria microscópica o una enorme ballena azul. Una sola copia de ADN en el núcleo de la célula actúa como plantilla para crear muchas copias de ácido ribonucleico mensajero (ARNm), que saldrán del núcleo por los poros de su doble membrana y formarán numerosas proteínas en el citoplasma.

¿Qué tamaño tiene una molécula de ADN? Veamos la siguiente analogía. Si pudiésemos realizar una maqueta a escala de tal molécula, en la que cada peldaño formado por las bases (A-T y G-C) estuviese separado del siguiente por unos 25 cm, la maqueta de la molécula de ADN que resultaría sería como escalera de caracol de unos 75 millones de kilómetros de longitud. Aproximadamente la distancia que separa la Tierra de Marte. En realidad, el tamaño real del ADN es de un metro y medio de longitud. Pero lo verdaderamente misterioso no es solo su longitud sino cómo se repliega y organiza para caber en el reducido espacio del núcleo microscópico de una célula. Todavía no se comprende muy bien la biología de dicho superenrollamiento. ¿Pudo originarse esta estructura, así como la información que contiene el ADN por puro azar? Esta es la cuestión que sigue preocupando hoy a muchos científicos y que está en el fondo del debate entre el evolucionismo y el Diseño Inteligente.

A lo largo de la historia se han dado diversas explicaciones a esta cuestión. El premio Nobel, Jacques Monod, decía a principios de los 70: "Nuestro número salió en el juego de Montecarlo"[3]. Con esto quería decir que la

3. Monod, J., 1977, *El azar y la necesidad*, Barral, Barcelona, p. 160.

vida en la Tierra apareció por casualidad, igual que el ADN. El problema es que, cuando se hacen los cálculos pertinentes, la probabilidad de que apareciera por azar una única proteína funcional pequeña de tan solo unos 100 aminoácidos es de 10^{130}. Lo cual es imposible de imaginar ya que el número total de átomos que posee nuestra galaxia, la Vía Láctea, es aproximadamente la mitad de esta cantidad, es decir de 10^{65}. De manera que la posibilidad de que se formara dicha proteína al azar equivale a cero. Los estudios estadísticos han contribuido a que se abandone la idea de que la vida surigió por casualidad.

El código genético traduce un lenguaje de cuatro letras a otro de veinte, la única diferencia entre el ADN y el ARN es que el primero es bicatenario, en cambio el ARN tiene una sola cadena. La información que contiene el ADN se transcribe al ARN y éste la traduce al lenguaje de las proteínas, que está constituido por 20 aminoácidos diferentes. ¿Cómo se realiza esta traducción? La maquinaria celular que constituye el código genético traductor está compuesta por más de 50 moléculas proteicas que están ellas mismas codificadas en el ADN. Es decir que la molécula de ADN, con toda la información que contiene, requiere de esta cincuentena de proteínas para traducirse al lenguaje de las proteínas, pero resulta que esta máquina traductora necesaria está a su vez codificada en la información que contiene el propio ADN. Esto plantea la siguiente cuestión: ¿qué fue primero el ADN o las proteínas? Los procesos ciegos del darwinismo no pueden explicar cómo la complejidad e información del ADN habrían podido surgir de la materia inerte. En realidad, lo que dice la teoría de la evolución es que a partir de la materia muerta (o inorgánica), después de muchos millones de años, fue creciendo la complejidad y aparecieron cosas tan sofisticadas como el cerebro humano o la conciencia. Esto es lo que la actualmente cree la ciencia sin haberlo demostrado convenientemente. Sin embargo, ¿acaso no se parece esto a un gran acto de fe?

7.4. El origen de la información epigenética

La epigenética es el conjunto de reacciones químicas y demás procesos que modifican la actividad del ADN pero sin alterar su secuencia. Ciertos cambios del medioambiente pueden alterar la biología de los seres vivos y transmitirla a las generaciones siguientes, sin cambiar la información del propio ADN. Aquí Lamark hubiera dado saltos de alegría ya que sus teorías, que eran opuestas a las de Darwin, decían que el ambiente podía modificar el aspecto de los seres vivos. Según él, los esfuerzos de las jirafas por alcanzar las hojas más tiernas y elevadas de las acacias hacían que sus hijos nacieran con el cuello un poco más alargado y esto se transmitía a los descendientes. De esa forma, un animal con el cuello corto como el de un caballo podría evolucionar hasta originar a las jirafas. Darwin, por su parte, decía que esto no podía ser así porque lo que se transmitía de generación en generación eran los genes y no las modificaciones fisiológicas adquiridas por los individuos en una generación. De padres musculosos por haber practicado ejercicios culturistas no nacen bebés musculosos. Por mucho que se les corte la cola a los ratones, durante varias generaciones sucesivas, nunca se obtendrán ratones sin cola. Hasta ahora, los argumentos darwinistas imperaban sobre los lamarkistas. Sin embargo, la epigenética vuelve a darle parcialmente la razón al señor Lamark.

El genoma podría compararse a una partitura musical que, en función del ambiente, puede dar lugar a versiones diferentes. Según sea el director, la orquesta, la calidad de los instrumentos, la habilidad de los músicos, la acústica del local, etc., puede sonar de una manera o de otra. Tomemos un ejemplo más dramático: el hambre en los campos nazis. Se han hecho estudios con los descendientes de las personas que sobrevivieron a los campos nazis y se ha podido comprobar que los nietos de estos hombres y mujeres que pasaron hambre y muchas más penalidades, cuando nacieron tenían un peso inferior al de los demás niños, cuyos abuelos no estuvieron en dichos campos. ¿Cómo es posible esto? La única explicación lógica es que las condiciones de vida influyen en la expresión de los genes, permitiendo que unos se manifiesten y silenciando la información de otros.

Otro ejemplo podría ser el de los gemelos univitelinos. Si a uno de estos hermanos gemelos se le lleva a vivir a un país nórdico y toda su vida transcurre en unas condiciones ambientales determinadas, nutriéndose de un determinado tipo de alimento, respirando un aire más o menos contaminado, con un cierto grado de estrés laboral, practicando o no ejercicio físico, etc., mientras que el otro hermano se cría en un país tropical con una características ambientales totalmente diferentes, es muy posible que, a pesar de poseer el mismo ADN, uno desarrolle un tipo de enfermedad genética predeterminada en su genoma, mientras que el otro no. ¿Por qué? Pues porque las múltiples influencias del ambiente han encendido o apagado genes específicos y han provocado que se expresen unos o que se silencien otros. Aunque ambos tengan la misma información hereditaria, la epigenética hace que la expresión génica sea diferente en cada caso.

La ciencia de la epigenética está revolucionado las ideas que se tenían acerca de la evolución porque resulta que tal influencia del ambiente sobre el ADN de los seres vivos depende de ciertas maquinarias moleculares muy sofisticadas que ya existían en éstos. Se ha comprobado que la llamada metilación puede modificar la disposición de las histonas del ADN. Si estas proteínas histonas son marcadas por el ambiente con muchos radicales metilo, se agrupan entre sí (formando grumos de heterocromatina) y no permiten que la información de los genes pueda ser leída (estado apagado), mientras que si ocurre lo contrario y existen poco grupos metilo (eucromatina), la información del ADN puede leerse y se estaría en el estado encendido. Esa metilación la coloca en el genoma el medio ambiente, la alimentación, el estilo de vida que se lleva, etc. Por tanto, la acción de la epigenética podría compararse a un sistema de interruptores genéticos que encienden o apagan los interruptores los genes.

La epigenética contradice al darwinismo porque los cambios en los seres vivos no son el producto de errores aleatorios sino de mecanismos biológicos complejos y exquisitamente programados para que los seres vivos se adapten a sus ambientes y sobrevivan. No es el azar o las mutaciones erróneas en el ADN sino que existe toda una maquinaria bioquímica que lo selecciona todo y que requiere de una inteligencia. ¿Cómo es posible que surgieran por casualidad y se conservaran tales mecanismos epigenéticos, teniendo en cuenta que solo iban a ser de utilidad en algún tiempo desconocido del futuro, cuando las condiciones del medio lo requirieran? Esta es la cuestión, ¿cómo la selección natural podría anticiparse al futuro? ¿Por qué iba a conservar unos mecanismos inútiles durante millones de años?

7.5. La intuición de diseño universal

Es fácil darse cuenta de que los animales y las plantas están perfectamente diseñados para hacer las cosas que hacen. El pico del colibrí está perfectamente hecho para tomar el néctar de determinadas flores y no de otras. Pero, ¿cómo saber si algo ha sido diseñado o es producto de la naturaleza? Se han propuesto dos métodos para detectar el diseño: la complejidad específica y la complejidad irreductible.

¿Qué es la complejidad específica? Se trata de un concepto desarrollado por el matemático, William Demski. Para explicarlo me referiré a la montaña de Monserrat ubicada en Cataluña. Se trata de un macizo montañoso complejo, del que no puede haber otro igual en toda la Tierra. Ha sido modelada así por la erosión y los agentes meteorológicos. Nadie cree que sea el producto de un diseño inteligente sino de las solas fuerzas de la naturaleza. Sin embargo, el monte Rushmore de Keystone (Dakota del Sur) además de complejidad natural posee diseño inteligente porque representa de forma específica los rostros de los primeros cuatro presidentes de los Estados Unidos. De la misma manera, cuando se observa el universo y los seres vivos, se descubren innumerables ejemplos de complejidad específica que solo pueden explicarse apelando a un diseño inteligente previo. Las mutaciones al azar y la selección natural, que propone el darwinismo, son incapaces por sí solas de crear dicha complejidad específica.

En segundo lugar está la complejidad irreductible, concepto que fue desarrollado por el bioquímico estadounidense, Michael J. Behe, quien recuerda la famosa frase de Darwin: "Si pudiera demostrarse que existió algún órgano complejo que tal vez no pudo formarse mediante numerosas y sucesivas modificaciones ligeras, mi teoría se vendría abajo por completo", para afirmar que esos órganos a que se refería Darwin ya han sido encontrados por la bioquímica moderna. ¿Qué es un órgano o una función irredutiblemente compleja? Es un sistema compuesto de varias partes interrelacionadas, cada una de las cuales requiere de las otras para su función. Si se quita una parte, el sistema deja de funcionar.

La complejidad irreductible es fácil de entender comparándola con una trampa para ratones. Las trampas comunes están compuestas de varias piezas: una base de madera, un trozo de alambre donde se inserta el queso, un muelle, una traba y un cepo o martillo. Para que la trampa funcione, es necesario que todas estas piezas estén presentes. Además, para atrapar ratones, todas las piezas tienen que estar dispuestas de una determinada manera. Si falla una de ellas, la trampa pierde su utilidad. Es improbable que un sistema irreductiblemente complejo surja instantáneamente porque, como dijo Darwin, la evolución es un proceso gradual. La selección natural nunca puede realizar un salto súbito y grande, sino que debe avanzar mediante pasos cortos y seguros, aunque lentos. Un sistema irreductiblemente complejo no puede empezar a existir de pronto porque eso implicaría que la selección natural no es suficiente. Pero tampoco dicho sistema podría haber evolucionado mediante "numerosas y sucesivas modificaciones ligeras" porque cualquier sistema más simple no tendría todas las partes requeridas para funcionar bien y, por tanto, no serviría para nada y no tendría razón de ser.

El planteamiento de Behe es que los sistemas biológicos irreductiblemente complejos existen en la naturaleza y refutan al darwinismo. Su ejemplo más famoso es el flagelo bacteriano, -aunque existen muchos más- una cola muy alargada que permite a algunas bacterias desplazarse velozmente en el medio acuoso. Ha sido llamado el motor más eficiente del universo ya que es capaz de girar a 100.000 rpm y cambiar de dirección en cuartos de vuelta. Como la trampa para ratones, el flagelo tiene varias partes que necesariamente se complementan para funcionar de manera coordinada. No hay explicaciones darwinistas detalladas ni graduales que den cuenta del surgimiento del flagelo de las bacterias ni de otros sistemas biológicos irreductiblemente complejos que se encuentran en la naturaleza. Sin embargo, sabemos que los seres inteligentes pueden producir tales sistemas.

Una explicación más coherente de los mecanismos moleculares, como el flagelo bacteriano, es entenderlos como productos del diseño inteligente. Las múltiples evidencias de diseño inteligente en la naturaleza son un grave inconveniente para el evolucionismo porque la realidad del diseño indica la existencia de un diseñador.

CAPÍTULO 8
El Diseño inteligente (DI)

¿Qué es el diseño inteligente?[1] El estudio de patrones de la naturaleza que se interpretan como el resultado de una inteligencia superior. El D.I. no debería ser un tema controvertido. Hay arqueólogos, científicos forenses y otros investigadores dedicados a la búsqueda de señales de vida inteligente extraterrestre (científicos del proyecto SETI) que fundamentan sus investigaciones en el D.I. La controversia surge porque al postular que es posible inferir signos de una inteligencia superior en biología, el D. I. plantea el interrogante de quién podría ser el diseñador.

8.1. Antecedentes del Diseño

La vida parece haber sido diseñada, ¿pero lo fue realmente? Según los escritores bíblicos, en la naturaleza hay indicios que permiten aceptar la existencia de un diseñador universal (Sal. 19:1-2; Ro. 1:20-21).

A principios del siglo XIX, el teólogo William Paley presentó su famoso argumento del relojero. Encontrar un reloj en el campo sería indicio de un diseño deliberado más que de la obra de factores puramente naturales. Paley decía que los organismos vivos presentan las mismas propiedades de diseño que un reloj fabricado por el hombre. En su obra más famosa , *Teología Natural o Pruebas de la existencia y los atributos de la Deidad,* sostenía que ciertas propiedades biológicas de la naturaleza llevan la impronta de un Diseñador, así como también los engranajes de un reloj hablan de la existencia de un relojero.

Hasta la publicación en 1859 de *El origen de las especies,* de Charles Darwin, la mayoría de los científicos y los filósofos estaban convencidos de que el diseño en biología era evidente. Sin embargo, como señala el biólogo evolucionista Francisco José Ayala: *"El mayor logro de Darwin fue mostrar que la complejidad y funcionalidad de los seres vivos era el resultado de un proceso natural -la selección natural- sin necesidad de recurrir a la existencia*

---

1. Esta conferencia sigue en parte el esquema planteado en Dembski, W. A. & McDowell, S., 2010, *El Diseño inteligente,* B&H Español, Rose Publishing.

de un Creador u otro agente externo." Desde entonces, el darwinismo ha sido la opinión dominante.

A pesar de la gran aceptación de que goza el darwinismo, la teoría del D. I. le plantea un reto ineludible. En realidad, hay muchas pruebas irrefutables que corroboran el diseño en biología. En el pasado, los argumentos a favor del diseño fracasaron en gran medida porque no se contaba con métodos precisos para determinar si algo había sido diseñado o no. Hoy en día, sin embargo, es posible formular una teoría del D.I. porque se ha desarrollado un método científico riguroso para detectar el diseño: la complejidad específica que ya ha sido tratada en este libro.

8.2. ¿En qué se diferencia el D. I. del creacionismo y de la evolución?

Esta es una pregunta muy habitual. El creacionismo sostiene que el universo fue creado por un Ser superior. Hay dos formas de creacionismo: el de la tierra joven y el creacionismo de la tierra antigua. El de la tierra joven interpreta el Génesis literalmente: Dios creó la tierra en seis días de 24 horas; el universo tiene entre diez y quince mil años de antigüedad y todos los fósiles del mundo son el resultado del Diluvio universal ocurrido en la época de Noé. Mientras que el creacionismo de la tierra antigua acepta la datación científica estándar, que fija la antigüedad de la Tierra en unos 4.500 millones de años y la edad del universo en unos 13.700 millones de años y los relatos de Génesis se interpretan a la luz de estos datos científicos.

Aunque los creacionistas de la tierra antigua y de la joven rechazan la macroevolución, aceptan la microevolución como el método de Dios que permite a las especies existentes adaptarse a los cambios en su medio ambiente. El D.I. no es lo mismo que el creacionismo, aunque a menudo se confunden. En vez de partir de una interpretación particular de Génesis, el diseño inteligente pretende investigar el mundo natural con métodos propios de la comunidad científica. En función de lo que el mundo natural revela de sí, los partidarios del D. I. argumentan que la inteligencia es la mejor manera de explicar la existencia de determinados patrones en la naturaleza.

8.3. La evolución

Hay varias definiciones de evolución. Una de ellas es considerarla simplemente como un *proceso de cambios en el tiempo*. Otra tiene que ver con la *adaptación de los organismos a los cambios de su medio ambiente*.

Un ejemplo común es la variación en el tamaño del pico de los pinzones, como resultado de los cambios climáticos. Hay trece tipos diferentes de pinzones en las Islas Galápagos. El tamaño del pico es una característica de las aves que cambia naturalmente cuando el medio en que viven atraviesa una sequía. Esta pequeña variación se denomina microevolución, pero no explica para nada el origen de estas aves. La controversia surge cuando de la microevolución se infiere inevitablemente la macroevolución (es decir, la evolución darwinista).

La macroevolución asume los siguientes postulados:

1. *Todos los organismos remontan su ascendencia histórica a un antepasado común. Suele decirse que "tienen un antepasado común universal" o una "ascendencia común".*

2. *La selección natural es el mecanismo que explica la variación aleatoria entre los descendientes de un antepasado común. Se trata de un proceso material no regulado y sin rastros de propósito ni diseño.*

¿Puede la selección natural generar especies nuevas? Darwin creía que la naturaleza (no Dios) seleccionaría los organismos más aptos para sobrevivir en su medio y después reproducirse. No obstante, resulta especulativo (y se puede debatir desde el punto de vista científico) que este proceso pueda generar especies completamente nuevas, como postulaba Darwin. El mecanismo de Darwin es insuficiente, de ahí que la mayoría de los proponentes del D.I. consideren las ideas de un antepasado común con escepticismo, pero coincidan en que el mecanismo de la selección natural sobre las variaciones aleatorias es solo una explicación parcial de la historia de la vida, porque no están convencidos de que tal mecanismo darwinista sea suficiente para generar toda la complejidad y diversidad de los seres vivos. Además concuerdan en que los organismos muestran pruebas científicas y claras de un diseño.

¿Por qué es importante el D. I.? En el libro, *La peligrosa idea de Darwin*, el filósofo ateo Daniel Dennett sugiere que los creyentes que convencen a sus hijos para que no crean en la evolución darwinista deberían ser encarcelados en "zoológicos culturales" o ser puestos en cuarentena, porque representan una seria amenaza para la sociedad.[2] ¿Por qué tanta preocupación por lo que piensen los creyentes? La teoría de Darwin es un relato de la creación adecuado a nuestra cultura cada vez más secular. Se ha convertido en la principal justificación del naturalismo, en la cosmovisión preferida de los ateos. El naturalismo concibe el universo como un sistema

---

2. Dennett, D., 2015, *La peligrosa idea de Darwin*, Galaxia Gutenberg.

autónomo de materia y energía regido por leyes naturales inviolables. Según el naturalismo, todo lo que hay en el universo es resultado de la casualidad y de la necesidad y no se debe al diseño intencionado de Dios. De manera que, si el naturalismo fuese cierto, todos los milagros deberían tener una explicación natural, la Biblia no podría ser la Palabra inspirada de Dios y, por tanto, el cristianismo tendría que ser falso.

8.4. El darwinismo como ideología

El naturalismo se inculca a los adolescentes y jóvenes, directa o indirectamente, en la enseñanza primaria, en la secundaria y en la universidad. Por medio de la teoría de Darwin, los muchachos aprenden y asimilan que el orden y la complejidad del mundo son el resultado de procesos materiales ciegos y no de la decisión divina de crear. Por tanto, el darwinismo no es solo una teoría científica, sino que actúa como una ideología que explica el origen de la vida. La evolución darwinista se emplea para explicarlo casi todo: desde la psicología, la religión y la economía hasta las causas de las enfermedades e incluso los sentimientos o el amor entre las personas.

¿Por qué ha generado tanto revuelo el D.I.? Porque cuestiona al naturalismo imperante en el mundo occidental. Pone en tela de juicio la cosmovisión laicista y atea. El D.I. es polémico y genera controversia porque resalta los indicios de diseño existentes en los seres vivos. Según esta teoría, el diseño es evidente en muchos ámbitos de la vida, pero especialmente en los procesos que transmiten la información del ADN. Por supuesto, la pregunta fundamental es saber si el diseño es verdad o no. A pesar de lo que diga el darwinismo, el D. I. representa una alternativa interesante frente a la teoría de Darwin, porque además de explicar mejor los hechos, libera a la cultura occidental de las dificultades impuestas por el naturalismo.

8.5. ¿Es científico el darwinismo?

El darwinismo afirma que la teoría de la evolución es ciencia auténtica, mientras que la teoría de D.I. sería solo religión disfrazada de ciencia. Pero es, más bien, al revés. En realidad, el D. I. es afín a las ciencias de la información y de la ingeniería, mientras que los exagerados planteamientos darwinistas sobre el poder de la selección natural son solo artículos de fe especulativa.

La selección natural es el núcleo central de la teoría de Darwin. Se cree que es el proceso mediante el cual la naturaleza selecciona los organismos más aptos (los más fuertes, los más rápidos y los más sanos) para que sobrevivan y se reproduzcan en un determinado ambiente. Si Darwin se hubiera limitado a proponer la selección natural para explicar cómo los organismos se adaptan a las condiciones cambiantes de su medio ambiente, no habría ningún problema. Los picos de los pinzones se endurecen y agrandan durante las sequías, cuando las semillas de que se alimentan están más duras y son más difíciles de romper. Los insectos desarrollan resistencia a los insecticidas cuando los agricultores usan sustancias tóxicas para erradicarlos. Asimismo, las bacterias desarrollan resistencia a los antibióticos.

Pero Darwin no sería tan famoso hoy, si su teoría solo explicara la variación del tamaño del pico de los pinzones, la tolerancia de las plagas a los insecticidas o la resistencia bacteriana a los antibióticos. La teoría de la selección natural pretende explicar también el origen del pico de los pinzones, y de los propios pinzones, así como el de los insectos y las bacterias. Si la teoría darwinista pudiera explicar científicamente todo esto, su fama estaría bien justificada. El problema es que no puede. No hay ninguna prueba del hipotético poder creador de la selección natural para producir nuevas formas biológicas. Si bien es posible demostrar que pueden darse cambios pequeños dentro del mismo organismo, no se puede demostrar que haya cambios radicales que transformen algo en otra cosa completamente diferente.

8.6. El darwinismo está agotado

Muchos científicos aceptan que el darwinismo está acabado pero no están dispuestos a aceptar la alternativa que supone la teoría del D. I. Tal como escribe el bioquímico de la Universidad de Chicago, Franklin Harold: *Debemos rechazar, por una cuestión de principios, que el diseño inteligente sustituya a la interacción de la casualidad y la necesidad. (…) Pero debemos admitir que, en la actualidad, no hay ninguna demostración darwiniana detallada que explique la evolución de ningún sistema bioquímico; solo contamos con diversas especulaciones.* (F. Harold, 2001, *The Way of the Cell*, Oxford University Press, p. 205).

La selección natural solo explica los cambios a pequeña, la llamada microevolución. Pequeñas variaciones apenas perceptibles, como las polillas que cambian de color o de tamaño. Pero decir que la selección natural puede dar cuenta también de los cambios evolutivos a gran escala (la macroevolución) es una extrapolación enorme y temeraria. Un acto de fe evolucionista. Porque esto implicaría cambios radicales y profundos, desde el punto de vista bioquímico y fisiológico, como que las bacterias se transformen en mariposas o en elefantes a lo largo del tiempo.

8.7. La teoría macroevolutiva no está comprobada

La teoría macroevolutiva fundamentada en la selección natural no está comprobada. Y no hay nada en las pocas pruebas disponibles para deducir que la macroevolución se deba a la selección natural. Hacer ciencia es aceptar las pruebas y dejarse guiar por ellas. No es cuestión de inventar hipótesis que no se puedan comprobar. La teoría darwinista que afirma que las estructuras biológicas complejas evolucionaron por selección natural es un planteamiento contrario a los principios científicos porque no se puede demostrar que sea cierta o falsa. La ausencia de pruebas para dichas afirmaciones es abrumadora.

¿Es ciencia el D. I. o simplemente un argumento religioso? Para el darwinismo, el D. I. no es científico, aunque no hay ninguna buena razón para negarle el estatus de científico. A fin de cuentas, el fundamento de muchas disciplinas que se consideran científicas (como por ejemplo, la arqueología, las ciencias forenses o la búsqueda de inteligencia extraterrestre) es precisamente detectar indicios concretos de inteligencia. Por ejemplo, cuando un arqueólogo encuentra una roca que presenta un determinado aspecto sospechoso de haber sido elaborada o manipulada, por lo general, tiene dos opciones: (1) considerar que es el resultado casual de la acción de fuerzas naturales (como el viento, la erosión, etc.), o bien, (2) suponer que fue diseñada por un ser inteligente. Los arqueólogos suelen ser capaces de determinar qué interpretación es la mejor basándose solo en las características físicas de tal roca. Pues bien, los teóricos del D. I. aplican el mismo razonamiento científico al mundo natural.

8.8. El naturalismo metodológico

Algunos críticos invocan el naturalismo metodológico para rechazar el D. I. Se trata de un principio que limita la ciencia a las explicaciones exclusivamente materiales o naturales. Los científicos fieles al naturalismo metodológico no suponen necesariamente que la naturaleza sea lo único que existe; sin embargo, a efectos de la investigación científica, afirman que solo puede apelarse a causas no inteligentes, como el viento, la erosión y las fuerzas de la naturaleza. No obstante, ¿cómo podríamos saber que el mundo es exclusivamente el resultado de causas naturales? El naturalismo metodológico es una asunción previa no demostrada. ¿No sería lógico sospechar, por ejemplo, de un médico forense que empezara su investigación sobre un homicidio diciendo que solo tendrá en cuenta las causas exclusivamente naturales? La ciencia, si es que pretende ser objetiva, debería estar dispuesta a considerar tanto las causas naturales como las inteligentes, para poder así sacar sus conclusiones a partir de las pruebas.

8.9. ¿Puede el darwinismo explicar el origen de la vida?

En una carta escrita en 1871, Darwin conjeturaba que la vida podría haberse originado a partir de reacciones químicas en un pequeño y tibio estanque. Con los rudimentarios microscopios de su época, la célula no parecía algo demasiado extraordinario y Darwin, como el resto de los naturalistas contemporáneos, creían que era un organismo simple, sin orden ni diseño. A finales del siglo XIX, se creía que las células eran solo minúsculos trozos de gelatina formados por elementos químicos sencillos. Sin embargo, el descubrimiento del microscopio electrónico, en la década de 1930, transformó completamente el conocimiento que se tenía de la célula.

Hoy sabemos que las células de los seres vivos son como minúsculas ciudades automatizadas. La literatura científica está repleta de comparaciones entre las células y la ingeniería moderna. Es más, casi todas las características de nuestros avances tecnológicos se encuentran ya en la célula. Los ejemplos van desde el transporte, las comunicaciones, el manejo de residuos y la defensa bioquímica. Teniendo en cuenta todo lo que se sabe hoy sobre la complejidad de la célula, no debería sorprendernos que las investigaciones naturalistas acerca del origen de la vida estén en un callejón sin salida.

Aunque los biólogos reconocen que el origen de la vida es uno de los misterios no resueltos todavía por la ciencia, proponen algunas posibilidades hipotéticas para explicar su origen sin necesidad de recurrir al diseño:

1) *La evolución química:*

¿Podría la vida haberse originado mediante reacciones químicas al azar? Se han realizado muchos experimentos con el propósito de simular las condiciones originales de la vida en la Tierra para determinar si ésta pudo surgir de forma natural. Si bien dichos experimentos generaron ciertos productos presentes en los seres vivos, como algunos aminoácidos (que son los constituyentes de las proteínas), ninguno logró producir jamás macromoléculas orgánicas fundamentales para la vida (mucho menos aún una célula procariota o una bacteria).

2) *La autoorganización:*

¿Posee la materia inerte la capacidad inherente de organizarse para convertirse en vida? Aunque los procesos naturales pueden producir estructuras específicas simples (como los copos de nieve, las ondas en la arena, o los cristales minerales), la naturaleza no puede generar estructuras que sean, a la vez, específicas y complejas (como por ejemplo, el mensaje: "María te amo", o la información contenida en el ADN). El Dr. Dean Kenyon, uno de los bioquímicos impulsores de esta teoría de la aotoorganización, abandonó posteriormente esta posición a favor de la teoría del D. I.

3) *La panspermia:*

¿Podría la vida haberse originado en alguna otra parte del universo y luego viajar por el espacio y germinar en la Tierra? Algunos científicos creen que la vida llegó a la Tierra transportada por meteoritos (panspermia accidental); otros creen que hubo extraterrestres que sembraron la vida en la Tierra (panspermia dirigida). Estas propuestas solo se refieren a cómo pudo llegar la vida a la Tierra, pero no explican cómo fue el origen de la vida. Que haya científicos dispuestos a considerar seriamente la panspermia es un ejemplo más que evidente de que la explicación naturalista del origen de la vida está agotada.

8.10. ¿Cuál es el origen de la información biológica?

En el 2004, el destacado filósofo ateo Antony Flew impactó al mundo académico al anunciar que había cambiado de idea sobre la existencia de Dios. Dijo que el contenido de la información del ADN fue una de las razones principales que le llevaron a dicho cambio. También los partidarios de la teoría del D. I. afirman que la molécula de ADN es uno de los mejores argumentos a favor de la existencia de un creador sabio.

Mediante el descubrimiento de la estructura del ADN, en 1953, los científicos averiguaron que la información para la síntesis de las proteínas está en el orden y la proporción en que aparecen en el ADN los enlaces entre las cuatros bases nitrogenadas: guanina (G), adenina (A), timina (T) y citosina (C). Estas cuatro bases funcionan como si fueran letras de un alfabeto, razón por la cual los biólogos se refieren al ADN, al ARN y a las proteínas como moléculas portadoras de información.

La capacidad de almacenamiento de información que posee el ADN supera con creces a la de cualquier tecnología humana. El biólogo molecular, Michael Denton, escribe: *La información necesaria para especificar el diseño de todas las especies de organismos que han existido en el planeta, (…), cabría en una cucharadita y aún quedaría espacio para la información de todos los libros escritos.*[3] El ADN además de almacenar la información, la procesa ya que es como un programa informático pero infinitamente superior a los inventados por el hombre. El gran desafío para quienes investigan el origen de la vida es explicar cómo la información (la complejidad específica) de los seres vivos pudo surgir sin una causa inteligente que la generara. En la

3. M. Denton, 1986, *Evolution: A Theory in Crisis*, Adler&Adler, Great Britain, p. 334.

actualidad, el naturalismo no puede explicar el origen de la vida ya que las fuerzas naturales son incapaces de generar información por sí solas.

Por el contrario, el D. I. ofrece una solución que permite explicar el origen la información contenida en el ADN. La experiencia corriente nos enseña que tal información, como la que contiene un libro o un programa de ordenador, surge siempre de una mente, como la de un escritor o de un programador informático. Las palabras de un libro nos indican que hubo una mente que deliberadamente las dispuso para que formaran una secuencia con sentido. Así como la información de un libro es indicio de un autor y el código informático es indicio de un programador, la información contenida en los organismos es indicio también de un diseñador inteligente.

Veamos la siguiente ilustración: imaginemos que encontramos un refugio abandonado en una alta montaña. A medida que nos acercamos a él, y entramos en su interior, descubrimos algo extraño. El fuego está encendido y la temperatura interior es de unos 20 grados centígrados. Nuestra comida favorita está recién hecha en el horno, la TV está conectada en nuestro programa preferido; además, todos los libros que más nos gustan, así como los DVD's y juegos de video están sobre la mesa. ¿A qué conclusión podríamos llegar? La mejor explicación sería creer que alguien nos estaba esperando y lo habría preparado todo para nuestro bienestar. Pues bien, hace poco los cosmólogos comprendieron que el universo se parece mucho a este refugio imaginario, concebido especialmente para nosotros y que… alguien nos está esperando.

8.11. ¿Fueron diseñados el universo y la Tierra?

Hay 19 leyes de la física que deben coincidir a la perfección, no solo para que sea posible la vida humana sobre la Tierra, sino para la existencia de cualquier forma compleja de vida. Por ejemplo, la ley de la gravedad, las fuerzas nucleares (débil y fuerte) y la fuerza electromagnética. Un cambio mínimo en cualquiera de estas leyes haría que el universo se volviera inhabitable para nosotros. El universo no existiría si su masa inicial hubiese sufrido una variación mínima, del orden de un granito de sal común. El universo no se habría expandido o lo habría hecho con tanta rapidez que se habría desintegrado inmediatamente. De manera que, el universo es "perfecto" para la vida. El diseño de universo se evidencia en los abundantes factores que tienen que ser "perfectos" para que la Tierra sea habitable. La vida no puede prosperar en cualquier lugar del cosmos. En realidad, la mayoría de los lugares del universo son inhóspitos para la ella.

Veamos los siguientes requerimientos imprescindibles para que exista la vida en nuestro planeta:

1) La vida requiere un tipo "perfecto" de galaxia: de los 3 tipos de galaxias que existen, la vida solo es posible en las espirales.

2) La vida solo es posible en un lugar preciso de la galaxia: debido a su ubicación en la Vía Láctea, la Tierra no está sujeta a radiaciones cósmicas perjudiciales.

3) La vida requiere de una estrella "perfecta": la mayoría de las estrellas son demasiado grandes, luminosas o inestables para mantener la vida, pero nuestro Sol es "perfecto".

4) La vida tiene que poseer una relación "perfecta" con su estrella central: la más leve variación en la distancia que separa la Tierra del Sol haría que el agua se congelara o que se evaporara, y este planeta sería inhabitable para las formas complejas de vida.

5) La vida en la Tierra necesita estar protegida por los planetas circundantes: las grandes masas de algunos planetas, como Júpiter o Urano, la protegen del impacto de los cometas.

6) La vida requiere de una Luna "perfecta": para ser habitable, la Tierra necesita una Luna de determinado tamaño y que esté a una determinada distancia, ya que la Luna estabiliza el eje de inclinación de la Tierra y crea un entorno estable y apto para la vida.

Hay muchos otros factores necesarios que hacen habitable un planeta, pero debemos tener en cuenta que *el universo como un todo y la Tierra en particular son "perfectos" para la vida*. La mejor explicación de por qué el universo es "perfecto" para la vida no es la casualidad o el azar sino la de suponer que un Diseñador inteligente lo creó así.

8.12. El diseño imperfecto

Muchos de los que critican el D. I. señalan casos de diseño imperfecto en la naturaleza y usan ese argumento para refutar dicho diseño. Según este punto de vista, el diseño imperfecto implicaría la ausencia de diseño. La formulación clásica de esta crítica se encuentra en el libro de Stephen Jay Gould, *El pulgar del panda*.[4] En él puede leerse: *Si Dios hubiera diseñado una hermosa maquinaria para reflejar su sabiduría y poder, seguramente no habría usado un conjunto de partes diseñadas para otros propósitos… Las combinaciones extrañas y las soluciones raras son pruebas de la evolución, porque un Dios sensato nunca hubiera seguido ese camino: es necesario atribuírselas a un proceso natural, a lo largo del tiempo y de la historia*. El pseudopulgar del oso panda es, para Gould, un ejemplo de imperfección. Una prolongación ósea que le

4. Gould, S. J., 2006, *El pulgar del panda*, Crítica, Barcelona.

permite al panda gigante pelar la corteza dura de las cañas de bambú de las que se alimenta.

Pero, ¿se trata en realidad de un caso de diseño imperfecto o, más bien, de todo lo contrario? De hecho, el peculiar pulgar del panda parece ser un instrumento más que eficiente para pelar las cañas de bambú. ¿Cómo sabe Gould lo que debería hacer un "Dios sensato", sobre todo teniendo en cuenta que él no ofrece ningún ejemplo de diseño alternativo que mejore la función de ese dedo del animal? En la gran mayoría de los casos, cuando el darwinismo encuentra imperfecciones en el diseño biológico, este diseño obedece a buenas razones funcionales y, curiosamente, no se suele detallar de qué manera podría mejorarse.

Más preocupante es, sin embargo, el reto planteado por el problema del mal natural. Como todo el mundo sabe, en la naturaleza hay enfermedades, descomposición y muerte. Existen parásitos que parecen haber sido diseñados malévolamente para dañar a otros organismos. Preocupado por esta perversidad de la naturaleza, Darwin escribió en *El origen de las especies*: *No puedo convencerme de que un Dios bueno y omnipotente pudiera haber creado deliberadamente los icneumónidos (un tipo de avispas parásitas) con la expresa intención de alimentarse de los cuerpos vivos de las orugas.* Para responder al reto del diseño maligno, necesitamos tener claras dos cosas. Primero, la malignidad de un determinado diseño no desmiente que tal diseño exista en realidad. Se pueden tener dudas acerca de la moralidad del diseñador, pero no se puede rebatir la existencia del diseño como tal, que puede ser demostrado mediante métodos científicos. En segundo lugar, como cristianos, creemos que el diseño maligno que vemos en la naturaleza no representa el plan original de Dios para la creación, sino que muestra su corrupción por causa del pecado de la humanidad.

El cristianismo siempre ha enseñado que el ser humano habita en un mundo caído, distinto al que Dios originalmente tuvo en mente. El mal natural que observamos a nuestro alrededor, así como el mal moral que nos provocamos unos a otros no forman parte del proyecto divino para nosotros, sino que constituyen las consecuencias que sufrimos por causa del pecado.

8.13. Objeciones más comunes al Diseño inteligente

1) *Las afirmaciones científicas deben limitarse a las cosas materiales observables, pero el diseñador no es observable.*

En realidad, los científicos proponen habitualmente planteamientos teóricos no observables con el fin de explicar los fenómenos observables. El diseñador que propone el D. I. es una fuente de información cuya actividad puede ser objeto de predicciones y de modelos matemáticos, como cualquier teoría física que se refiera a entidades no observables, como las supercuerdas, la materia oscura o los universos múltiples.

2) *La ciencia no puede apelar a un diseñador sin explicar el origen de dicho diseñador.*

Esto es simplemente falso. Veamos un ejemplo. Los arqueólogos suelen concluir habitualmente que un determinado objeto fue diseñado, aun cuando desconocen el origen del diseñador. Si todas las explicaciones científicas exigieran tal condición, no se podría explicar nunca nada.

3) *Los postulados científicos deben ser verificables, pero se supone que el diseño no lo es.*

Resulta curioso que los críticos del D. I. digan que éste no se puede verificar pero, a continuación, afirmen que es falso. No puede decirse que el diseño no se puede verificar y acto seguido añadir: "el diseño ha sido verificado y se ha demostrado que es falso". Una hipótesis que sea imposible de verificar, no puede ser al mismo tiempo verificable. De hecho, el D. I. ha sido verificado y confirmado en una amplia gama de disciplinas.

4) *El diseño inteligente no permite hacer predicciones.*

Según el D. I., debería haber estructuras en los seres vivos que no se pudieran explicar mediante los mecanismos fortuitos del darwinismo. Y las hay (por ejemplo, el flagelo bacteriano).

5) *El diseño inteligente está subordinado a intereses religiosos.*

El D. I. es una refutación científica de la evolución darwinista. La motivación que puedan tener sus partidarios es algo que no resulta pertinente. Por ejemplo, el astrofísico, Stephen Hawking era agnóstico, mientras que el genetista, Francis Collins es cristiano. ¿Acaso sus creencias personales invalidan su ciencia? Yo creo que no.

6) *El argumento del diseño inteligente parte de la ignorancia.*

El D.I. no solo identifica lagunas en la teoría de la evolución darwinista, sino que también explora concretamente las características del diseño presentes en los sistemas biológicos, como la complejidad específica del ADN y los mecanismos moleculares que hay dentro de la célula. No parte de la ignorancia sino de lo que observa en la naturaleza.

7) *El diseño inteligente vulnera el consenso científico.*

Es cierto pero también lo vulneraron Copérnico, Galileo, Kepler, Newton e incluso Darwin. La finalidad de la ciencia no es preservar el consenso, sino aportar un conocimiento preciso del universo y eso, a veces, requiere estar dispuesto a romper el consenso.

8) *El diseño inteligente impide el progreso de la ciencia.*

Es más bien al revés, el D. I. estimula el progreso científico mientras que el darwinismo lo dificulta. Por ejemplo, el darwinismo predecía que muchos trozos del ADN no servían para nada ya que aparentemente no cumplían ninguna función conocida. El D. I., por su parte, promovía la investigación para descubrir posibles funciones en dicho "ADN basura". Finalmente, la ciencia comprobó que dicho ADN no era basura genética sino que tenía importantes funciones celulares. En este sentido, el D. I. está más justificado que el darwinismo ya que garantiza la objetividad de la ciencia. No puede, por lo tanto, impedir el progreso de la ciencia.

9) *El diseño inteligente viola el método científico.*

Los métodos científicos suelen verificar las hipótesis mediante demostraciones. El D. I. también lo hace. Por ejemplo, para verificar la hipótesis de que un sistema u órgano irreductiblemente complejo fue diseñado, el D. I. determina si los mecanismos previstos por la evolución darwinista son capaces de producir dicho órgano o sistema.

10) *La imperfección de los seres vivos va en contra del diseño inteligente.*

La imperfección se refiere a una característica del diseño, no a su realidad. Nadie cree seriamente que el diseño deba ser perfecto para poder ser detectable. Algunas imperfecciones que vemos hoy en la naturaleza son inevitables porque el equilibrio ecológico actual exige que todas las formas de vida tengan que morir y reciclarse.

11) *El diseño inteligente se basa en la Biblia.*

Si bien las conclusiones del D. I. concuerdan con la Biblia, las pruebas de dicho diseño provienen de la cosmología, la física, la química, la biología, la teoría de la información y otras disciplinas científicas.

12) *No existen artículos sobre el diseño inteligente en publicaciones científicas reconocidas.*

Aunque los artículos a favor del D. I. suelen ser discriminados y recha-
zados por los editores evolucionistas, hay desde luego un número crecien-
te de artículos publicados en revistas y libros científicos (ver http://www.
discovery.org/).

13) *Ningún investigador de prestigio apoya el diseño inteligente.*

Esto no es cierto. Por ejemplo, el profesor Henry Schaefer III, de la Universidad de Georgia, uno de los químicos de mayor renombre mundial,
con más de 1000 artículos científicos publicados, propugna el Diseño inteligente. También hay otros destacados científicos que lo apoyan en lugares
como la Universidad de Princeton, la Universidad del Sur de California, la
Universidad de Baylor (Texas) y en otras.

PARTE II
Rainer Siemens

CAPÍTULO 9
Los milagros bíblicos ante las objeciones críticas de David Hume

9.1. Introducción: la importancia de los milagros para la fe cristiana

La cuestión de los milagros es una de las más importantes de la vida, porque abarca los temas de la existencia de Dios y su manera de actuar en la historia. Como ninguna otra religión, el cristianismo es una religión sobrenatural, ya que, sin los milagros, dejaría de existir. Los textos bíblicos afirman continuamente las intervenciones sobrenaturales de Dios, narrando acontecimientos como la creación, la zarza ardiente, el paso del pueblo Israel por el Mar de las Cañas, la concepción virginal, los exorcismos, sanaciones, profecías, visiones, resucitaciones de muertos, el hecho de calmar las tempestades, así como la multiplicación de peces y panes entre otros. El milagro fundacional del credo cristiano es la resurrección corporal de Jesucristo al tercer día.[1]

El simple hecho de que el cristianismo sea una religión sobrenatural es percibido hoy en día por muchos como uno de los mayores obstáculos para aceptar la fe cristiana.[2] Ante los avances de la ciencia moderna, las supuestas explicaciones sobrenaturales de ciertos eventos parecen como reliquias de una edad precientífica.[3]

Ante tal necesidad apologética, este artículo tiene dos objetivos. Primero: se analizará el material bíblico concerniente a los milagros y, en base a esto, se elaborará un concepto cristiano de los mismos. Segundo: se mostrará cómo la crítica moderna a los milagros surge a partir del científico y filósofo escocés David Hume (1711-1776). Las principales objeciones de Hume a los milagros serán resumidas y analizadas a partir de la apologética cristiana.

---

1. Cf. Geisler, Miracle, 2012, pág. 323, Geisler, Miracles, Apologetic Value of, 2012, pág. 325 y Holthaus, 2010, pág. 169.
2. Cf. Craig, 2008, pág. 247.
3. Cf. Geivett, 2001, págs. 101-102.

9.2. Los milagros en la perspectiva de la teología cristiana

9.2.1. Los milagros en la Biblia

En cierto sentido amplio, todo evento sobrenatural causado por Dios, como el origen del universo, puede ser considerado un milagro. Pero la Biblia utiliza el concepto de milagro también en un sentido más restringido y técnico, para el cual recurre a términos como "señal", "prodigio", "poder" y otros. En los siguientes párrafos se analizará el concepto restringido del milagro.[4]

9.2.1.1. Antiguo Testamento. Winfried Thiel observa que la religiosidad del antiguo Oriente Próximo esperaba intervenciones divinas en el curso habitual de la naturaleza. No obstante, Israel, en comparación con los pueblos circundantes, se destacaba por la gran cantidad de milagros,[5] siendo el libro Éxodo el texto antiguotestamentario con mayor densidad de relatos milagrosos. Éste narra la liberación de Egipto y los milagros preliminares a este evento. En numerosas ocasiones, los vocablos hebreos *'ot* y *mopet*[6] ("señales" y "prodigios") describen conjuntamente la liberación y salvación de Egipto con milagros preliminares.[7] La salvación de Egipto constituye para la fe antiguotestamentaria el principal evento poderoso obrado por Yahvé.[8] El Éxodo es, por lo tanto, el milagro fundacional del AT.[9] Ya que la historia del Éxodo termina con la conquista de la tierra prometida, el libro de Josué narra también varios prodigios asombrosos como el paso por el Jordán (Josué 3-4), la conquista triunfal de Jericó (Josué 6), así como también la granizada y la detención del sol y de la luna (Josué 10:11 y 10:12-13).[10]

Con varias excepciones como el llamamiento de Gedeón (Jueces 6), la historia del profeta Joel, la salvación de Daniel y sus amigos (Daniel 3 y 6)

---

4. Cf. Geisler, *Miracles in the Bible*, 2012, pág. 351 y Lennox, 2009, pág. 272.
5. Cf. Thiel, 2006, pág. 383.
6. El AT conoce una multiplicidad de términos que identificaban los hechos milagrosos. Las palabras *gᵉburot* (Deuteronomio 3:24, etc. – "hechos poderosos"), *gᵉdullah* / *gᵉdolot* (Job 5:9 – "cosas grandes"), *'ot* con su plural *'otot* (Números 14:22, etc. – "señal", "señales"), *mopet* (Éxodo 4:21, etc. – "maravillas") y *pälä'* / *nipla'ot* (Salmo 9:2, etc. – "maravillas") son los principales términos hebreos que describen los milagros. Fabry, 2005, pág. 1717.
7. Cf. ibíd.
8. Estos incluyen el relato de las diez plagas (Éxodo 6:28-11:10), la salvación en el paso por el mar de cañas (Éxodos 13:17-14:31 y la provisión con maná, codornices y agua (Éxodo 16, Números 11 y Éxodo 17:1-7, Números 20:1-13). Cf. Fabry, 2005, pág. 1718.
9. Cf. Garrett, 1996, pág. 361.
10. Cf. Fabry, 2005, pág. 1718.

y varias más;[11] la narración de Elías y Eliseo en 1° Reyes 17 a 2° Reyes 8 es el segundo segmento antiguotestamentario con una gran acumulación de relatos milagrosos. La división de las aguas del Jordán por Eliseo con el manto de Elías (2° Reyes 2:8.13-14) en analogía a la división del Mar de las Cañas, le establecen como sucesor legítimo de Moisés, el prototipo de todos los profetas.[12] Tanto en el AT como también en el NT, Dios reconoce y autoriza a sus profetas y mensajeros para obrar milagros (por ejemplo Números 16).[13] Debido a las numerosas analogías con Jesús, los prodigios de Moisés, Elías y Eliseo anticipaban ya los milagros de Cristo en el NT.

9.2.1.2. Nuevo Testamento. La tercera gran acumulación bíblica de milagros se atribuyen a Jesús y en menor medida a sus discípulos.[14] Una de las clasificaciones más influyentes de estos prodigios fue propuesta por C.S. Lewis en su libro "Los milagros" (1947):[15]

(1.) Milagros de *fertilidad*: la transformación de agua en vino, la multiplicación de panes y peces y la concepción virginal de María.

(2.) Los milagros de *curación* con numerosos ejemplos en el NT.

(3.) La *destrucción* y maldición de la higuera estéril.

(4.) El *dominio* sobre la *materia inorgánica* al calmar las tempestades y caminar sobre el agua.

(5.) Los milagros de *reversión* incluyen las resucitaciones de muertos.

(6.) Finalmente, los milagros de *perfección* y *glorificación* incluyen la transfiguración, la resurrección de Jesús y la ascensión al cielo de Cristo.

Según Lewis, entre estos seis tipos de milagros se pueden distinguir dos subtipos. Las categorías 1-4 pertenecen a los milagros de la "vieja creación". Mediante ellos, Dios obró directa e instantáneamente lo que los mecanismos naturales logran por sí mismos (por ej. la fermentación de vino). Mientras tanto, las categorías 5-6 pertenecen a los milagros de la "nueva creación" y anticipan lo que Dios hará en el futuro.[16] Según los estudios del

11. Para un listado más completo de los milagros antiguotestamentarios (y novotestamentarios) ver Geisler, Miracles in the Bible, 2012, págs. 351-355.
12. Cf. Fabry, 2005, pág. 1718.
13. Cf. Geisler, Miracles in the Bible, 2012, págs. 351-352.
14. El NT también conoce una amplia terminología que se refiere a los hechos milagrosos. Entre estos se destacan los vocablos griegos *thauma* (Mateo 21:15, "maravillas"), *dynamis* (Marcos 6:2, "poder"), *erga* (Juan 7:3, "obras"), *semeion* (Marcos 8:11, "señal") y *teras* (Mateo 24:24, "maravillas"). Cf. Garrett, 1996, págs. 361-362.
15. Cf. ibíd., págs. 210-225.
16. Cf. ibíd.

APOLOGÉTICA EN DIEZ RESPUESTAS

NT, los milagros de Jesús y los apóstoles como también el derramamiento del Espíritu Santo fueron señales del acercamiento del Reino de Dios y la era mesiánica.[17] En este contexto, los milagros glorificaban a Dios (Juan 2:11, 11:40), autorizaban a sus apóstoles (Hechos 2:22, Hebreos 2:3-4) y proporcionaban evidencia para la fe en Dios (Juan 6:2.14, 20:30-31).[18]

9.2.2 La teología cristiana y el concepto del milagro

9.2.2.1 La dificultosa definición del término milagro. Al intentar definir el término milagro, nos topamos con el hecho de que una conceptualización precisa es dificultosa, ya que la palabra se utiliza ampliamente. Así, por ejemplo, un estudiante universitario puede considerar el hecho de haber aprobado una asignatura como un milagro. Otra persona puede afirmar que ella se curó milagrosamente de una infección viral de la garganta al cabo de una semana después de haber orado intensamente. Pero un médico probablemente no consideraría a esta evolución favorable un milagro, ya que los síntomas de este tipo de infecciones virales mayormente desaparecen después de una semana sin requerir una causa sobrenatural.[19] Por otro lado, algunos creyentes cristianos no suelen distinguir estrictamente entre milagro y providencia divina. Así, por ejemplo, se puede considerar una provisión inesperada después de intensas oraciones como acto de Dios, mediante el cual Él provee lo necesario de manera especial. Aunque muchos considerarían esto como un milagro, otros preferirían hablar de un acto especial de la divina providencia, ya que los procesos naturales quedaron intactos por la actuación indirecta de Dios.[20] Estos pocos ejemplos ponen de relieve la dificultad de una descripción precisa del término milagro.

Agustín de Hipona (354-430) fue el primer teólogo que expuso una doctrina sistemática de los milagros bíblicos. Según Agustín, los milagros eran señales visibles de la gracia divina.[21] Él no se preocupaba por la cuestión de la posibilidad de los milagros. Las causas de los milagros fueron puestas por Dios en la naturaleza durante la creación. Dios había implantado causas y semillas ocultas en su creación, las cuales, con el paso del tiempo, se desvelaban. Ya que los milagros fueron causados por hechos naturales instituidos por Dios, ellos no se contraponían al orden natural.[22] Agustín, por lo tanto, afirmaba que un prodigio "no ocurre de modo contrario a la

---

17. Cf. Garrett, 1996, pág. 366.
18. Cf. Geisler, Miracles in the Bible, 2012, pág. 353.
19. Cf. Holthaus, 2010, págs. 169-170.
20. Cf. Geisler, Miracles, False, 2012, pág. 344.
21. Cf. Alkier, 2005, pág. 1723.
22. Cf. Ohst, 2006, pág. 401.

naturaleza, sino contrariamente a lo que nosotros entendemos por naturaleza" (*De Civitate Dei, 21.8.2*).[23] Ciertamente, algunos eventos que parecen milagrosos pueden ser causados por mecanismos desconocidos. No obstante, mecanismos que no se conocen no pueden ser confirmados ni refutados.[24] Hugh Melinsky también resalta que Agustín descuidó la dimensión trascendente del milagro, pues él veía "la intervención divina no tanto como un acto del poder creativo de Dios sino como un despertar de semillas ya plantadas en las cosas por la mano de la Providencia."[25]

Tomás de Aquino (1225-1274) recuperó la dimensión trascendente de los milagros, estableciendo la intervención divina como causa de los milagros. Aquino afirmaba que el milagro, por un lado, "sobrepasa las facultades de la naturaleza" y, por otro lado, es "una manifestación de algo sobrenatural." Debido a esto, los milagros son llamados "señales" (*Summa Theologica, 2-2.178.1*).[26] La teología cristiana conservadora generalmente describió los milagros dentro de los parámetros de Aquino.[27]

Más recientemente, Richard L. Purtill definió el milagro como un evento en el cual Dios temporalmente obra una excepción al orden habitual de la naturaleza para mostrar que Él está actuando.[28] Según Purtill, cada parte de esta definición es importante. Así la excepción al orden natural es temporalmente limitada, ya que los eventos posteriores son determinados por las leyes naturales. El milagro es, segundo, una excepción al orden habitual de la naturaleza. Fue, por ejemplo, natural que Lázaro muera debido a su enfermedad (Juan 11). Pero su resurrección efectivamente fue sobrenatural, ya que sobrepasó el orden habitual de la naturaleza. Tercero: a no ser que no exista una idea de cómo las cosas generalmente ocurren, es decir, las leyes de la naturaleza, no se podría establecer una excepción milagrosa singular. Si la naturaleza fuera caótica, si cualquier cosa pudiera suceder, no se podrían contrastar los milagros con los eventos ordinarios.[29] Por lo tanto, las leyes naturales describen eventos regulares que son causados naturalmente. Pero los milagros son eventos singulares que son causados sobrenaturalmente.[30] Cuarto: la causa del evento extraordinario es Dios.

---

23. Citado en Garrett, 1996, pág. 367.
24. Cf. Erickson, 2013, pág. 380.
25. Citado en Garrett, 1996, pág. 367.
26. Citado en ibíd.
27. J.L. Garrett conceptualiza a los milagros como "una variación considerable de la ley natural o de los procesos naturales" que fue causada por la intervención divina. Richard Swinburne además afirmó que tal irrupción del curso natural por un dios tiene una significación religiosa. Cf. ibíd., pág. 359.
28. Cf. Purtill, 1997, págs. 63 y 72.
29. Cf. ibíd., pág. 63.
30. Cf. Geisler, Miracle, 2012, pág. 323.

Si un poder menor que Dios originara el evento en cuestión, no sería un "milagro".[31] Desde el punto de vista cristiano, la magia también puede causar prodigios excepcionales. Un hechicero logra esto con la manipulación de fuerzas espirituales o demoníacas. De acuerdo a la Biblia, un evento causado por la magia, aunque sea un suceso paranormal, seguiría siendo un evento natural, ya que los demonios forman parte del orden creado.[32] Y quinto: el propósito de un milagro es señalar que Dios actúa.[33]

9.2.2.2 Críticas a las definiciones comunes. Ciertamente, definiciones como la de Purtill y otros muestran varios aspectos válidos. Pero, como Holthaus señala, ellas también muestran una deficiencia, porque los milagros no necesariamente tienen que ser una excepción temporal al curso habitual de la naturaleza. [34] Así Dios pudo haber guiado los peces a las redes de los discípulos (Lucas 5:1-11, Juan 21:1-14) de forma natural, sin crearlos de la nada o trasladarlos repentinamente de una parte del lago a las redes de los discípulos. Erickson también señala que el milagro de la pesca abundante pudiera ser más bien una muestra de la omnisciencia de Jesús, ya que él conocía en el momento preciso el lugar exacto de los peces. Por lo tanto, el milagro de la pesca abundante como evento singular no requería necesariamente de una excepción al curso habitual de la naturaleza.[35] Del mismo modo, a las plagas del libro de Éxodo pudieran subyacer causas naturales. Varios eruditos mantienen que las primeras nueve plagas se debían a una secuencia de desastres naturales, donde la plaga antepuesta causaba una catástrofe posterior. Estas explicaciones naturales no excluyen la dimensión trascendente, ya que las plagas se presentan después del vaticinio de Moisés con una intensidad poco común.[36] Dale Moody sostuvo que los relatos de las plagas son "una combinación de lo natural con lo sobrenatural".[37] La sinergia entre causas sobrenaturales y naturales se muestra especialmente en Éxodo 14:21, donde las aguas del Mar de las Cañas se dividieron después de que Moisés extendió su mano y Yahvé causó que un viento fuerte soplara toda la noche.

Un concepto antinatural de una definición de los milagros pone en relieve un importante problema teológico, ya que en esta perspectiva los milagros como obras de Dios parecieran estar en contención con el orden creacional de Dios. Debido a esto, otros mantienen que las fuerzas naturales

31. Cf. Purtill, 1997, pág. 64.
32. Cf. Clark, 1997, pág. 201
33. Cf. Purtill, 1997, pág. 64.
34. Cf. Holthaus, 2010, pág. 170.
35. Cf. Erickson, 2013, pág. 380.
36. Cf. Egelkraut, 2017, pág. 211.
37. Cf. Citado en Garrett, 1996, pág. 361.

no serían suspendidas cuando ocurre un milagro. Como lo veremos más abajo, las leyes naturales podrían seguir operando de forma regular, aunque serían compensadas por una fuerza sobrenatural introducida por Dios al mundo natural. De esta manera, Dios no habría suspendido la ley de gravedad para que un hacha flotara (2° Reyes 6:6), porque Él mismo la habría sostenido. Esta perspectiva tiene el beneficio de que los milagros no serían *anti*naturales sin dejar de ser *sobre*naturales.[38]

Consecuencia:

Esta breve discusión pone de relieve algunos aspectos importantes. Los milagros tienen un aspecto trascendente, porque son obrados por Dios. Ellos son, por lo tanto, actos divinos sobrenaturales. Al mismo tiempo, la Biblia no desvela los mecanismos exactos que causan los milagros. En algunos casos, los milagros parecen ser causados por una intervención sobrenatural y en otros se deben a una combinación de causas sobrenaturales y naturales. Evidentemente, un milagro sobrepasa la experiencia de la uniformidad natural de los testigos, ya que fue causado por un acto creativo especial de Dios, una intervención poderosa o porque Él impartió un preconocimiento especial a uno de sus profetas. Además, sin una distinción clara entre los procesos naturales y la excepcionalidad del prodigio, el milagro no sería cognoscible. Por lo tanto, para la Biblia un milagro es una actuación visible y singular de Dios en la creación que sobrepasa el modo común de su gobierno providencial del mundo. Los milagros tienen como objetivo respaldar la intención salvífica de Dios para con el mundo, revertiendo los efectos del pecado.[39]

9.3. El impacto de David Hume en el rechazo a los milagros de la mentalidad moderna

Hoy en día muchos asumen que este concepto bíblico de los milagros quedó rotundamente refutado por la ciencia moderna. Esta actitud negativa se debe en gran medida a las ideas de David Hume (1711-1776),[40] un historiador y filósofo escocés.[41] Hume tuvo tres objeciones principales a los milagros: la objeción natural mantiene que los milagros están en contra de las leyes naturales. La objeción histórica, en segundo lugar, afirma que la evidencia en contra de un milagro siempre será mayor que la evidencia a

38. Cf. Erickson, 2013, pág. 381.
39. Para esta descripción del milagro ver Webster, 2006, pág. 1727.
40. Para un breve resumen del pensamiento de David Hume cf. Kulenkampff, 2000, págs. 1955-1956.
41. Cf. Lennox, 2009, pág. 272.

favor, porque los testigos para tales eventos no son confiables. Finalmente, la objeción religiosa señala que todas las religiones confirman su veracidad con milagros, por lo que se cancelan mutuamente.[42]

9.3.1. La objeción natural

En su famoso capítulo X de su obra "Investigación sobre el conocimiento humano" de 1748,[43] Hume afirma:

> Un milagro es la violación de las leyes de la naturaleza;[44] y como una experiencia firme e inalterable ha establecido estas leyes, la prueba en contra de un milagro por la misma naturaleza del hecho es tan completa como se pueda imaginar que cualquier argumento de la experiencia lo sea.[45]

Los eruditos proponen dos maneras de leer la objeción natural de Hume a los milagros. Por un lado, se interpreta a Hume de tal forma que las leyes naturales son consideradas reglas herméticas que niegan de antemano la ocurrencia de cualquier milagro. Otros entienden el razonamiento de Hume de tal manera que los milagros quizás fueran posibles teóricamente, pero ante la experiencia de la uniformidad de la naturaleza, todo supuesto milagro es negado por la aplastante evidencia en contra del mismo.[46] Para los fines de este artículo, no es tan importante definir cuál de las dos lecturas representa el pensamiento de Hume, ya que ambas versiones del argumento contribuyeron al rechazo actual de los milagros.

9.3.1.1. Los milagros son imposibles. La primera manera de interpretar a Hume percibe a las leyes naturales como reglas herméticas que determinan todo lo que puede ocurrir. Por lo tanto, ellas describen lo que

---

42. Cf. Geisler, Miracles and the Mordern Mind, 1997, pág. 73.

43. Hume publicó esta obra en 1748 bajo el título "Philosophical Essays Concerning Human Understanding". Pero a partir de 1756 esta publicación se conocía con el título "An Enquiry Concerning Human Understanding". Cf. Kulenkampff, 2000, pág. 1955.

44. La supuesta contradicción entre ley natural y milagro proclamada por Hume no era una innovación absoluta, ya que fue anticipada por Baruch (Benedict) de Spinoza (1632-1677). En la visión panteísta de Spinoza, las leyes naturales eran idénticas a la voluntad de Dios. El monismo de Spinoza resultaba en un fuerte determinismo que negaba cualquier excepción a la voluntad de Dios plasmada en el orden natural. Cf. Keener, 2011, págs. 114-115.

45. Hume, 1994, pág. 139.

46. Para las interpretaciones de Hume véase Geisler, Miracles, Arguments Against, 2012, págs. 331-332 y Lennox, 2009, pág. 273. Kulenkampff interpreta la crítica de los milagros de Hume de acuerdo a la segunda variante. Cf. Kulenkampff, 2000, pág. 1956.

exclusivamente puede suceder. Así por ejemplo, que una persona resucite de entre los muertos después de tres días sería una violación de las leyes naturales, un evento rotundamente imposible.[47] Este modo de leer a Hume causó en gran medida la actitud negativa hacia los milagros que prevalece actualmente en las sociedades occidentales. Ya en los tiempos de Hume, esta crítica a los milagros fue aceptada por el filósofo Voltaire (1694-1778). Más adelante, la objeción natural fue reformulada de diferentes modos por pensadores como Antony Flew (1923-2010), Alistair McKinnon y otros. Hoy en día goza de mucha popularidad entre los nuevos ateos. A partir de Friedrich Schleiermacher (1768-1834), la crítica a los milagros también fue adoptada por el protestantismo alemán. Así el influyente filósofo y teólogo Ernst Troeltsch (1865-1923) rechazaba cualquier interrupción de la cadena natural de nexos causales. Debido a esto, Rudolf Bultmann (1884-1976) mantenía que la idea de una intervención sobrenatural no era aceptable para el hombre moderno, por lo cual él sometió los milagros novotestamentarios a su programa de la desmitologización radical. La teología anglosajona en parte también cayó presa de la crítica radical de los milagros.[48]

Aunque la objeción natural a los milagros parece intimidatoria y goza de gran popularidad en la filosofía, ciencia y teología, lo cierto es que muestra serias deficiencias. Como vimos más arriba, no todo milagro necesariamente constituye un quebrantamiento de las leyes naturales vigentes. Algunos pudieron haber ocurrido de manera natural, siendo, por ejemplo, el preconocimiento el prodigio real. Desde la perspectiva filosófica y física, la interpretación determinista de las leyes naturales debe ser considerada insuficiente.[49] Por un lado, un teísta simplemente pudiera reformular los términos, diciendo que las leyes naturales describen lo que sucede general y prediciblemente y no lo que ocurre exclusivamente. Las leyes naturales entonces serían un patrón regular de lo que normalmente acontece. A diferencia de esto, los milagros serían eventos únicos, excepcionales y singulares obrados por Dios. Así las leyes naturales no excluirían de antemano los eventos milagrosos.[50] Además, si las leyes naturales únicamente descri-

---

47. Cf. Geisler, Miracles, Arguments Against, 2012, pág. 331.

48. Cf. Wachter, 2018, págs. 3-5 y Geisler, Miracles, Arguments Against, 2012, págs. 335-340.

49. Muchos críticos de Hume resaltan una incongruencia en su pensamiento. Hume, por su empirismo radical, negaba cualquier necesidad causal. Los nexos causales y los supuestos patrones regulares de la naturaleza se debían a nuestros hábitos de interpretación. Así él negaba que a partir de estos hábitos mentales pudiéramos anticipar eventos regulares (como la salida del sol o la relación entre fumar y el cáncer pulmonar). Según esta perspectiva, el concepto de ley natural es totalmente absurdo. No obstante, Hume negaba la ocurrencia de los milagros, invocando la regularidad de la naturaleza. Cf. Kulenkampff, 2000, pág. 1955 y Lennox, 2009, págs. 274-277.

50. Geisler, Miracles, Arguments Against, 2012, pág. 331. Para una interpretación me-

biesen eventos regulares y predecibles, entonces ellas no podrían afirmar o negar la posibilidad de eventos singulares como los milagros. Ellos estarían fuera del alcance epistémico de las leyes naturales. La investigación de las leyes de la naturaleza, por lo tanto, no tendría relevancia alguna para la cuestión de los milagros.[51] Por otro lado, una interpretación hermética de las leyes naturales constituye un problema metodológico para toda indagación científica, ya que ella prescribiría a la naturaleza cómo debería ser, en vez de describir la naturaleza como es.

El filósofo Daniel von Wachter (1970) también critica la interpretación determinista de las leyes naturales por otra vía.[52] Wachter señala que la premisa central de esta concepción de las leyes naturales es la "regularidad de sucesión". Esto quiere decir que a un evento del tipo x necesariamente le tiene que seguir un evento del tipo y. Wachter arguye que las leyes naturales, a pesar de su aplicabilidad universal, en realidad no anticipan una regularidad de sucesión. Cualquier entidad natural o sobrenatural adicional podría suprimir el nexo causal. Así por ejemplo, una bola rodante de billar puede ser parada por otra bola, un gato, una persona, un demonio o por Dios mismo.[53] De la misma forma, Dios pudo haber sostenido a Pedro sobre el agua sin que se hundiera. En esta perspectiva, los milagros no serían excepciones a las leyes naturales.[54] C.S. Lewis describe esto con la siguiente analogía:

> Si las leyes de la Naturaleza son verdades necesarias, no hay milagros que las puedan quebrantar; pero el caso es que ningún milagro necesita quebrantarlas. (…) Si pongo seis peniques en un cajón el lunes y seis más el martes, las leyes establecen que – *manteniéndose las cosas en su lugar* – encontraré allí doce peniques el miércoles. Pero si hay un robo por medio, puedo encontrar solamente dos. Algo se ha roto (la cerradura del cajón o las leyes de Inglaterra) pero lo que no se ha roto son las leyes aritméticas. (…) [El milagro] introduce un factor nuevo en una situación, es decir, una fuerza supernatural con la que el científico no había contado.[55]

nos determinista de las leyes naturales véase Wachter, 2018, págs. 2-26 y Drossel, 2017, págs. 2-14.

51. Cf. Purtill, 1997, pág. 69. Así especialmente Ronald H. Nash contrasta la cosmovisión naturalista (atea) con la teísta. Para esto cf. Nash, 1997, págs. 115-131.

52. Wachter detecta el origen de la interpretación determinista de las leyes naturales en los escritos de Thomas Hobbes (1588-1676).

53. Cf. Wachter, 2018, págs. 5-14.

54. Cf. ibíd., págs. 3-26.

55. Lewis, 2006, pág. 95.

9.3.1.2. *Los milagros son increíbles.* De acuerdo a la segunda manera de interpretar Hume, los milagros no son imposibles, sino increíbles, porque nunca existirá suficiente evidencia para demostrar que un milagro haya ocurrido. Norman L. Geisler representa el razonamiento de Hume con este silogismo:[56]

(i.) Un milagro por definición es un evento raro.

(ii.) Pero las leyes naturales por definición describen eventos regulares y uniformes.

(iii.) La evidencia para los eventos regulares y uniformes siempre es mayor que para los sucesos raros.

(iv.) Las personas sabias siempre basan sus creencias en aquello que cuenta con más evidencia.

(v.) Por lo tanto, las personas sabias nunca deberían creer en milagros.

Hume parece asumir que, debido a la experiencia histórica de la uniformidad de la naturaleza, los eventos singulares en realidad no ocurren. Pero este razonamiento de Hume muestra serias dificultades,[57] ya que esta objeción asume ilógicamente que en el pasado no se dieron los eventos singulares. Aquí Hume demanda una convicción casi insuperable para la propia capacidad del conocimiento. Él presupone de antemano que todos los eventos del pasado, presente y futuro son regulares y uniformes. Para confirmar esta convicción, Hume tendría que demostrar que todos los relatos milagrosos del pasado y presente no son confiables.[58] Pero para lograr este objetivo debería tener acceso a *todos* los eventos de *todos* los tiempos de *todo* el universo. Pareciera que Hume además obvió el hecho de que la humanidad solamente observó una parte minúscula de todos los eventos en el universo, de los cuales dejó unos pocos relatos escritos.[59]

Hume pretende, además, demostrar la uniformidad de la naturaleza, asumiendo *a priori* la uniformidad de la naturaleza y que, por lo tanto, en el pasado nunca ocurrieron milagros.[60] En este razonamiento circular,

---

56. Para este resumen del argumento de Hume cf. Geisler, Miracles, Arguments Against, 2012, pág. 333.

57. C.S. Lewis también critica la uniformidad de la naturaleza propuesta por Hume. El avance de la ciencia no se debe al estudio de las regularidades, sino a la investigación de las irregularidades. Cf. Lewis, 2006, pág. 166.

58. Cf. Geisler, Miracles, Arguments Against, 2012, págs. 331-332.

59. Cf. Lennox, 2009, pág. 283. C.S. Lewis observa: "[T]odas las observaciones que el hombre ha hecho o hará mientras dure la carrera, cubre solamente una fracción de minuto de los sucesos que ocurre." Lewis, 2006, pág. 162.

60. Cf. Ibíd.

Hume a la vez asume que nuestra experiencia uniforme nos cuenta que los milagros no ocurren y al mismo tiempo desestima todo relato de milagros con la observación que los milagros no pueden ocurrir por nuestra experiencia de la uniformidad de la naturaleza. Craig S. Keener, en su monumental obra "Miracles" de dos tomos, señala que Hume, en su razonamiento circular, utiliza su limitada experiencia de su mundo como precepto normativo para toda la realidad, excluyendo así con su experiencia las experiencias de otros.[61] Keener también señala que la crítica de Hume se debe a sus suposiciones culturales, las cuales estaban formadas por el paradigma de la Ilustración.[62] Posteriormente, esta cosmovisión anti-sobrenaturalista fue asumida sin rigor crítico por la mayoría de los académicos occidentales.[63] Así, las premisas de Hume y sus seguidores contemporáneos desvelan prejuicios etnocéntricos, ya que su aclimatación cultural es considerada normativa para negar los milagros de culturas consideradas como más primitivas. Sin embargo, Keener observa que esta perspectiva reduccionista es negada por la mayoría de las culturas actuales,[64] por lo que el académico occidental no debería rechazar de antemano fenómenos paranormales y milagrosos.[65]

R.C. Sproul observa también que el concepto de la uniformidad propuesta por Hume se contradice. Para establecer la regularidad de cierto fenómeno natural, por ejemplo, que la lluvia uniformemente moje el pasto, este tuvo que haber ocurrido por lo menos dos veces. Para que suceda una segunda vez, tuvo que haber ocurrido una primera vez, lo que sería un evento singular. Según el razonamiento de Hume, deberíamos negar que la lluvia mojó el pasto la primera vez, porque esta experiencia no se adecuaría a una regularidad establecida. Y si el primer evento no ocurrió, también deberíamos eliminar el segundo y así sucesivamente *ad infinitum*. La uniformidad, de la cual el argumento de Hume depende, sería imposible de detectar.[66]

Norman L. Geisler señala que estas incongruencias filosóficas desvelan un problema metodológico en el razonamiento de Hume. Hume en

---

61. Cf. Keener, 2011, pág. 108.
62. Cf. ibíd., págs. 96-98.
63. Cf. ibíd., pág. 113.
64. Esta observación, sin embargo, no significa que el erudito occidental debería desechar su cosmovisión naturalista-racionalista y adoptar una perspectiva religiosa que conoce un mundo lleno de espíritus benignos y malignos, los cuales arbitrariamente originan los eventos que nos rodean. Esta opción también sería etnocéntrica, ya que igualmente asumiría las suposiciones culturales reduccionistas de ciertos grupos. (Cf. Smedes, 1987, pág. 43.) Una erudición integral y crítica se resistiría a ambos extremos.
65. Cf. ibíd., págs. 211-241.
66. Cf. Sproul, 2009, págs. 114-115.

realidad no analizó la evidencia para los milagros, sino simplemente acumuló eventos regulares en contra de ellos. Por supuesto, si alguien observara durante un mes un cementerio, regularmente vería que los fallecidos se quedan en sus tumbas. Pero la verdad no queda determinada por una mayoría de votos. Según Hume, incluso si la resurrección hubiese ocurrido, no deberíamos creerla, ya que una persona sabia no debería creer en un evento irregular. Claramente, un razonamiento que niega de antemano un hecho ocurrido comete falacias lógicas. Este error se debe, según Geisler, a que Hume confunde el concepto de la verdad con el concepto de la probabilidad. Así nunca se debería creer en el hecho de que tres dados salieron con el número 6 al primer intento, ya que la probabilidad de esto es de una entre 216.[67]

9.3.1.3 La suposición fundamental de la objeción natural. Con su concepción determinista de las leyes naturales, Hume interpreta al universo como un sistema cerrado a cualquier intervención sobrenatural de Dios. Keener señala en relación a Hume que su rechazo de una actividad sobrenatural o supra humana desvela sus lentes interpretativas y no es un hecho demostrado.[68] Este prejuicio anti-sobrenaturalista simplemente asume que el universo físico con sus leyes naturales sea una realidad autónoma o, incluso, que sea la única realidad existente. Esta última comprensión del universo posteriormente se conoció como 'naturalismo',[69] el cual es el fundamento filosófico del ateísmo contemporáneo.[70] Aquí entonces se desvela el motivo filosófico real que impulsa este rechazo moderno de los milagros. C.S. Lewis describe las posiciones opuestas así: "Hay personas que creen que no existe nada excepto la Naturaleza; llamaré a estas personas 'naturalistas'. Otros piensan que, aparte de la Naturaleza, existe algo más; los llamaré 'sobrenaturalistas'."[71]

Por lo tanto, la cuestión real es: ¿existe o no existe Dios? Si Dios no existiera, como asume el naturalismo, no podrían suceder excepciones milagrosas al orden natural. Todo lo que existe tuvo que haber evolucionado de manera regular, uniforme y predecible.[72] En el caso contrario, si existiera un Dios omnipotente, benevolente y personal, los milagros serían posibles, ya que este Dios podría obrar a favor de su creación, sobrepasando el modo común de su gobierno providencial.[73] Consecuentemente, el único

---

67. Cf. Geisler, Miracles, Arguments Against, 2012, págs. 332 y 337.
68. Cf. Keener, 2011, pág. 107.
69. Cf. Purtill, 1997, págs. 69-70.
70. Cf. Dawkins, 2013, pág. 37.
71. Lewis, 2006, pág. 13.
72. Cf. Purtill, 1997, págs. 69-70.
73. Cf. Geisler, Miracles in the Bible, 2012, pág. 354.

camino para que el ateo o escéptico niegue categóricamente la posibilidad de los milagros consiste en demostrar la inexistencia de Dios.[74]

Para inclinar la balanza a favor del teísmo, la apologética cristiana generalmente cuestiona la cosmovisión naturalista por dos vías. Por un lado, se busca demostrar que el naturalismo epistemológicamente se destruye así mismo. En el tercer capítulo de su libro "Los Milagros" C.S. Lewis arguye que el naturalismo no puede justificar el origen y la confiabilidad del razonamiento lógico, ya que en la perspectiva naturalista todo pensamiento dependería de causas físicas naturales no racionales.[75] Pudiera ser que nuestro pensamiento fuera causado por una arbitraria combinación de átomos[76] que casualmente corresponde a la realidad. Pero esto implicaría que ninguna objeción lógica pudiera frenar la emergencia de pensamientos inadecuados.[77] El naturalismo, por lo tanto, no puede tener confianza alguna en los procesos cognitivos que fundamentan su propia cosmovisión, por lo que racionalmente ni puede sustentarse a sí mismo.[78]

74. Cf. Geisler, Miracle, 2012, págs. 323 y 325.

75. Para este resumen del argumento de Lewis cf. Baker, 2018, págs. 2-3. El argumento de Lewis (2006, págs. 23-43) se sustena en la observación que en la perspectiva naturalista cada cosa finita o cada suceso deben ser explicables en principio en términos netamente naturales. Si existiera una exepción, la cosmovisión naturalista quedaría refutada. Con respecto al razonamineto, Lewis distingue entre el Causa-Efecto *porque* y el Antecedente-Consecuente *porque*. La sentencia "grító *porque* se hirió" corresponde a una relación Causa-Efecto, mientras que la observación "se debió de herir *porque* gritó" muestra una relación Antecedente-Consecuente. Esta segunda relación es el fundamento de todo razonamiento válido, ya que Lewis los considera como "penetraciones en algo" o "conocimiento de algo distinto de sí mismos". Según Lewis, el naturalismo en principio no tiene un justificativo válido para el razonamiento Antecedente-Causa, ya que todos los pensamientos se originan, en la perspectiva naturalista, a partir de relaciones causa-efecto, es decir a partir de mecanismos netamente naturales y arbitrarios sin que las leyes de la lógica pudieran impedir su emergencia. Pudiera ser, entonces, que estos razonamientos sean útiles para la supervivencia. Pero de esto no se puede deducir que también sean verídicos. Lewis también observa que cualquier razonamiento queda desacreditado, si se lo explica únicamente en términos Causa-Efecto: "Tú dices eso *porque* (Causa-Efecto) eres capitalista, o hipocondríaco, o simplemente *porque* eres hombre, o *porque* eres mujer." En otras palabras: ideas, opiniones o afirmaciones tendrían que surgir obligatoriamente, ya que las causas actuan inevitablemente, sin que tengan un impedimento racional o lógico. En la perspectiva naturalista, todo nuestro razonamiento en realidad es un efecto causado por factores naturales. El naturalismo no se puede escapar de este dilema y salir de su sistema para verificar objetivmente las premisas que le sustentan. Así el naturalismo no puede sustentar la validez de los procesos cognitivos de los cuales depende. Lewis finalmente afirma que la racionalidad tiene un fundamento más sólido en la perspectiva teísta, ya que en Dios la razón es más antigua que la naturaleza.

76. Ibíd., págs. 52-53.

77. Ibíd., págs. 30-31.

78. Ibíd., pág. 28.

La segunda vía es presentar argumentos que busquen establecer el hecho de que el origen del universo, su complejidad y las propias leyes naturales sean explicados más adecuadamente desde la perspectiva teísta. Así Antonio Cruz muestra en su libro "La ciencia, ¿encuentra a Dios?" que los descubrimientos científicos recientes apuntan a la existencia de Dios.[79] No es sorprendente que la suposición académica de que las premisas ateas o deístas sean más objetivas que las teístas se disipe cada vez más. La cosmovisión anti-sobrenaturalista y su aplicación rigurosa a toda la realidad se percibe como una suposición intelectualmente limitante,[80] la cual, como lo vimos, fue formada por prejuicios occidentales de lo que se considera culturas avanzadas o primitivas.

El caso naturalista-ateo contra los milagros se debilita aún más, si se considera que las leyes naturales, de las cuales la supuesta imposibilidad de los milagros depende, tienen un justificante más sólido en la perspectiva teísta. El naturalismo está obligado a asumir que el universo saltó a la existencia a partir de la inexistencia. Esta premisa es sumamente ilógica, ya que implicaría la existencia de algo antes de haber estado o que la nada pudiera causar algo.[81] Pero si la inexistencia pudiera causar algo, entonces constantemente ciertas cosas deberían saltar sin causa explicable de la nada a la existencia. Esto echaría abajo toda noción de las leyes naturales como patrón regular de lo que ocurre.[82] Algunos científicos también admiten que es imposible que las leyes naturales fueran el resultado de una evolución cósmica. Por lo tanto, algo o alguien tuvo que haberlas ajustado antes del inicio del universo.[83] Debido a esto, numerosos científicos, entre ellos Newton, Einstein, Heisenberg y otros, reconocieron que las leyes naturales demandan un "supremo Legislador cósmico".[84] Antony Flew, uno de los filósofos ateos más importantes del siglo XX que se convirtió al deísmo, también sostiene: "[L]as leyes de la naturaleza suponen un problema para los ateos porque son una voz de la racionalidad escuchada a través de los mecanismos de la materia."[85] La perspectiva teísta se afianza aún más, si se toma en cuenta el ajuste fino y el diseño de las variables fundamentales del universo, para que la formación del universo y el surgimiento de

---

79. Cf. Cruz, La ciencia, ¿encuentra a Dios? El creador frente a las últimas revelaciones científicas, 2004.
80. Cf. Keener, 2011, pág. 202.
81. Cf. Sproul, Cómo defender su fe: Una introducción a la apologética, 2006, págs. 109-114.
82. Cf. Craig, 2008, págs. 106-156.
83. Esta observación este autor la debe a Gitt, 2017.
84. Cf. Cruz, Nuevo Ateísmo: Una respuesta desde la ciencia, la razón y la fe, 2015, pág. 36.
85. Flew, 2013, pág. 101.

la vida fueran posibles.[86] Por lo tanto, una mente racional y reguladora del universo permite un fundamento mucho más sólido para asumir la regularidad de las leyes naturales y, consecuentemente, en principio admite la posibilidad de los milagros.

Todo esto únicamente implicaría que los milagros *posiblemente* ocurran y no que *realmente* suceden. Pudiera ser que Dios no obró milagros a partir de la creación del universo (como afirma el deísmo).[87] La única manera de investigar si Dios interviene en la realidad natural es el examen de la evidencia empírica de los supuestos milagros. Para este fin, Delmer Wiebe estudiará en el siguiente capítulo la evidencia que justifica la veracidad de la resurrección de Cristo.

9.3.2. La objeción histórica

A diferencia de la objeción natural, que cuestiona la posibilidad de los milagros, la objeción histórica cuestiona la confiabilidad de los supuestos testigos. Hume afirmó que nunca existirá "un número suficiente de hombres de tan incuestionable buen sentido, educación y conocimientos como para salvarnos de cualquier equivocación al respecto."[88] Más adelante, él incluso afirma que los milagros "abundan en naciones bárbaras e ignorantes."[89] Hume culpa al espíritu religioso y su "gusto por el asombro" y su inclinación por lo "extraordinario y maravilloso"[90] por la credulidad de la gente ignorante.

Ciertamente Hume menciona varias críticas válidas. La ignorancia indudablemente pudiera estimular, en ocasiones, explicaciones sobrenaturales de fenómenos totalmente naturales. Pero incluso si los informes de milagros únicamente proviniesen de personas ignorantes, esto no implicaría que todo lo que narren fuera falso. La explicación a partir de la ignorancia de los testigos también es muy común en círculos escépticos actuales. Sin embargo, una encuesta entre 1.100 médicos estadounidenses que gozan de un alto nivel de formación académica mostró, que el 74% de los clínicos creía que los milagros pudieron haber ocurrido en el pasado y el 73% asumía que todavía suceden hoy en día. Pero el dato más sorprendente fue que el 55% vieron resultados clínicos que ellos consideraban milagrosos.[91]

---

86. Cf. Keller, 2017, págs. 144-146.

87. La posibilidad de los milagros todavía no significa que existe una probabilidad de que ellos realmente ocurrieron. Para un resumen conciso de las diferentes formas del escepticismo ante los milagros véase Geivett, 2001, págs. 97-100.

88. Hume, 1994, pág. 141.

89. Ibíd., pág. 143.

90. Ibíd., págs. 142-143.

91. Science or Miracle?; Holiday Season Survey Reveals Physicians' Views of Faith, Prayer and Miracles, 2018.

Stefan Alkier señala también que, tal como vimos más arriba, tanto el AT como también el NT muestran una amplia gama de términos que describen prodigios milagrosos. Alkier observa que esta diversidad terminológica también se conoce en otras culturas antiguas, lo que indica un buen conocimiento de relatos milagrosos y su posible clasificación y evaluación. Por lo tanto, él objeta, por un lado, que se califique a los testigos como 'infantiles', 'ingenuos' o 'crédulos' y, por otro lado, que se les asigne a las clases sociales bajas e ignorantes.[92] La erudición reciente ha mostrado también que la fácil credulidad no se aplica a los testigos bíblicos. Tanto en el AT y NT las personas desconfiaban de supuestos relatos milagrosos. Especialmente el primer capítulo del Evangelio según Lucas muestra como un médico, después de una cuidadosa investigación (Lucas 1:1-4), narra cómo dos mujeres, una estéril y otra virgen, quedaron embarazadas. En ambos casos, los testigos presenciales objetaron el suceso por su imposibilidad natural (Lucas 1:18.34).[93] Lucas también relata cómo los discípulos rechazaron la historia de la tumba vacía (Lucas 24:11). El NT tampoco esconde el hecho que otros discípulos seguían dudando a pesar de las apariciones de Jesús (Mateo 28:17, Lucas 24:41). Tomás incluso rechazó la resurrección de Cristo hasta que pudo palpar las heridas de Jesús (Juan 20:25). Por lo tanto, los discípulos no tenían una inclinación religiosa que les empujaba a creer en la resurrección.[94]

La preferencia humana por lo sobrenatural también puede originar la fe en un milagro. Pero esto tampoco demuestra la improbabilidad absoluta de los milagros, sino simplemente pone de relieve la posibilidad de que ciertos relatos milagrosos sean falsificados[95] o se deban a la charlatanería de supuestos curadores espirituales.[96]

El rechazo *a priori* de los testigos por Hume se ejemplifica especialmente en su tratamiento de un milagro muy conocido de su tiempo, la curación de la sobrina de Blaise Pascal, Marguerite Perier. Perier tenía una fístula en el ojo de la cual ella fue curada por contacto con una reliquia de la Sagrada Corona de Espinas conservada en Port Royal ante una multitud de testigos. Incluso el médico personal de la reina de Francia comprobó esta curación. A esta aplastante evidencia Hume simplemente responde: "¿Y qué podemos oponer a una nube tal de testigos, sino la *absoluta imposibilidad* (…) de los acontecimientos que narran?" [énfasis por este autor].[97] Acertadamente, el filósofo Colin Brown observa que Hume simplemente calificó los

92. Cf. Alkier, 2005, págs. 1719-1720.
93. Cf. Lennox, 2009, págs. 279-280.
94. Cf. Geisler, Miracles, Arguments Against, 2012, pág. 334. Para esto cf. también Lindsley, 2018, pág. 3.
95. Cf. Clark, 1997, págs. 205-206.
96. Cf. ibíd., pág. 206.
97. Hume, 1994, págs. 150-151.

milagros como hechos ridículos y absurdos, una actitud que se perpetuó hasta hoy en día. Pero Hume mismo nunca estudió seriamente la evidencia para un milagro tan bien atestiguado como la resurrección de Cristo.[98] Su crítica superficial simplemente refleja su prejuicio anti-sobrenaturalista.[99] Si una persona parte de suposiciones ateas o deístas, ella estará cegada a las evidencias que confirmarían un milagro. Sin embargo, partiendo de premisas teístas que permiten que una deidad actúe con propósito, sería poco razonable rechazar las evidencias que manifiestan un milagro.[100]

9.3.3. La objeción religiosa

Otro problema al cual Hume apunta es que los relatos de los milagros de las diferentes religiones se cancelan mutuamente, ya que cada religión tiene afirmaciones similares. Hume señala:

> Todo milagro busca 'establecer el sistema particular al que se atribuye, por tanto, tiene la misma fuerza (...) para desautorizar a los demás sistemas. Al destruir un sistema rival, igualmente destruye el crédito de los milagros sobre los que este sistema se estableció, de modo que los prodigios de las distintas religiones han de considerarse como hechos contrarios.'[101]

Por cierto, muchos supuestos prodigios se pueden atribuir a engaños, trucos, fenómenos psicosomáticos, ilusiones, la superstición de la gente o, como lo señalamos en el comienzo, a la manipulación de fuerzas espirituales.[102] Pero la argumentación de Hume nuevamente muestra varias debilidades en sus generalizaciones. C.S. Lewis observa, por un lado, que las narraciones de milagros provenientes de otras religiones no falsean al cristianismo, ya que Dios en ocasiones pudiera haber obrado milagros por compasión a favor de los "paganos". Pero esta ocurrencia de milagros auténticos fuera de la tradición cristiana debería considerarse como algo aislado que no establece la veracidad de otro sistema religioso.[103]

Por otro lado, no todas las religiones igualmente requieren de milagros para apoyar sus doctrinas. En el Hinduismo, por su cosmovisión panteísta (Dios es todo), la distinción entre lo sobrenatural y lo natural no es válida. Dios es idéntico al orden natural y sus leyes, lo que teológicamente

---

98. Cf. Brown, 1974, pág. 72.
99. Cf. Geisler, Miracles, Arguments Against, 2012, pág. 333.
100. Cf. Keener, 2011, pág. 140.
101. Hume, 1994, pág. 146.
102. Cf. Clark, 1997, pág. 201.
103. Cf. Lewis, 2006, págs. 211-212.

invalida la ocurrencia de milagros. Por otro lado, ya que toda la realidad emana de un principio divino único, toda la realidad con su diversidad y sus milagros son una ficción de nuestra mente.[104]

El Budismo clásico tampoco requería de los milagros. Su fundador, Siddharta Gautama (aprox. 563-483 a.Cr.), conocido también como Buda, no conocía un Dios creador como el que enseña la Biblia.[105] Consecuentemente, el budismo clásico como religión atea, a diferencia del judaísmo y cristianismo, tampoco esperaba la ocurrencia de prodigios excepcionales. Buda además desalentó a sus seguidores a buscar prodigios poderosos. Él los consideró un obstáculo en el camino a la iluminación. Buda tampoco buscó una confirmación sobrenatural de sus enseñanzas. Sin embargo, después de varias generaciones surgieron historias que adscriben a Buda poderes sobrenaturales. Por la contradicción con el mismo Buda, estas historias probablemente tienen un origen supersticioso.[106]

A diferencia de esto, Mahoma (aprox. 570-632), el fundador del Islam, reconoce que profetas anteriores a él como Moisés y Jesús obraron milagros (Sura 3:184, 17:102 y 23:45).[107] No obstante, para el Islam el milagro más importante es el origen sobrenatural del Corán. Pero Mahoma mismo rechazó la petición de hacer milagros, diciendo: "¡Glorificado sea mi Señor! ¿Acaso no soy sino un ser humano enviado como Mensajero?" (Sura 17:93). Para muchos musulmanes, los milagros son más bien una señal que busca la aprobación de las personas, en vez de la de Dios. De nuevo, la religiosidad popular del Islam, después de varias generaciones, le adscribió varios milagros a Mahoma, aunque la mayoría de los teólogos musulmanes le restan autenticidad.[108]

En el caso del Budismo e Islam constatamos, por lo tanto, que los supuestos milagros de sus fundadores están en discontinuidad con las intenciones de los mismos. Esta incongruencia teológica cuestiona la autenticidad de estos prodigios. Además, ya que estas historias, como en el caso de Buda y Mahoma, surgieron generaciones después, podemos dudar de la confiabilidad de los testigos.[109] A diferencia de esto, los milagros del

104. Geisler, Panentheism, 2012, págs. 425-428.
105. Cf. Williams, 2006, pág. 189.
106. Cf. Clark, 1997, págs. 202-203
107. Cf. Geisler, Miracles, Apologetic Value of, 2012, pág. 329.
108. Cf. Clark, 1997, págs. 203-204.
109. Cf. Geisler, Miracles, Arguments Against, 2012, pág. 335. Se admite que el problema de los milagros en otras religiones debería ser tratado con más profundidad. La teología cristiana tambien reconoce, como lo vimos más arriba, la posibilidad de milagros falsos o fenómenos paranormales causadas por fuerzas demoníacas o hechizeras, las cuales están asociadas con la religiosidad pagana (cf. Éxodo 8-12, 1º Reyes 18). Cf. Geisler, Miracles, False, 2012, pág. 345 y Geisler, Miracles, Magic and, 2012, págs. 346-349.

AT y NT corresponden con el concepto de un Dios monoteísta, que está más allá del universo que Él mismo creó y ama, por lo que el cristianismo espera las intervenciones milagrosas.[110] Lewis, por lo tanto, observa adecuadamente que "los milagros cristianos tienen mucha más probabilidad intrínseca, en virtud de su conexión orgánica, entre sí y con la contextura total de la religión que presentan."[111]

Por estas razones y por la alta confiabilidad de los testigos y escritos bíblicos, Gary Habermas observa que los milagros de la Biblia están en una categoría superior a los milagros de otras tradiciones religiosas. Los críticos colocan ilegítimamente los prodigios bíblicos al lado de otros relatos milagrosos.[112] Así pues, los milagros de la Biblia están en una posición privilegiada para establecer la veracidad única de las doctrinas cristianas.

Conclusión

1. Síntesis del artículo

En la primera parte de este artículo se llegó a la conclusión de que los milagros bíblicos son actos visibles y singulares de Dios en la creación con una señalización religiosa. Estos prodigios sobrepasan el modo común de su gobierno providencial del mundo por lo que superan la experiencia de la uniformidad natural de los testigos. En la segunda parte se analizó cómo este concepto bíblico de los milagros sufrió bajo los ataques escépticos de David Hume. Hume formuló tres objeciones contra los milagros: la negación natural, histórica y religiosa. Este artículo señaló que estas críticas no logran negar la posibilidad de los milagros. Se mostró también que la posible ignorancia de los testigos y la ocurrencia de milagros en otras tradiciones cristianas no necesariamente anulan la autenticidad de los milagros bíblicos. Además, se manifestó que los relatos bíblicos de los milagros gozan de una alta confiabilidad por la abundancia de testigos fiables y por la coherencia teológica entre el monoteísmo bíblico y sus milagros. La suposición central que está detrás de la negación de los milagros en la actualidad es en realidad el rechazo de todo sobrenaturalismo. Ciertamente, si un Dios omnipotente y benevolente creó al universo, la posibilidad de que milagros ocurran no representa un obstáculo intelectual serio.

---

110. Cf. Geisler, Miracles in the Bible, 2012, pág. 354.
111. Ibíd., pág. 211.
112. Cf. Habermas, 2017, págs. 9-12.

2. La importancia de David Hume para la actualidad

Aunque las críticas de Hume y sus seguidores modernos no logran negar la posibilidad de la ocurrencia de milagros, el análisis de las mismas desvela importantes problemas en la práctica cristiana de los milagros en América Latina. Existe la posibilidad de que ciertos milagros fuesen falsificados. No todo a lo que se llama milagro es realmente un milagro. En la actualidad, numerosos teleevangelistas y ciertas corrientes cristianas abusan de la credulidad de la gente y venden una sanidad falsa bajo un manto de supuesta victoria espiritual. Los innumerables chantajes y las expectativas frustradas no solo se convierten en un problema pastoral significativo, sino que la credibilidad misma de la fe cristiana es puesta en duda, ya que los falsos milagros la convierten en objeto de burlas en círculos escépticos. La teología y apologética cristiana debe, por lo tanto, en su función racional y científica ante una práctica eclesial aberrante,[113] buscar criterios que disciernan adecuadamente entre milagros genuinos y engañosos.[114] Sorprendentemente, este escepticismo cristiano ante los milagros tiene antecedentes bíblicos (cf. Mateo 12:39, 16:4, etc.).[115] El estudio de los milagros que realizó David Hume puede tener así un efecto purificador sobre este aspecto de la espiritualidad cristiana actual.

Bibliografía

Alkier, S. (2005). Wunder (IV): Kirchengeschichtlich. En *Religion in Geschichte und Gegenwart* (Vol. 8, págs. 1723-1725). Tübingen: Mohr Siebeck.

Baker, R. (17 de Noviembre de 2018). *Miracles and the Modern Mind*. Obtenido de https://www.academia.edu/12782037/C.S._Lewis_on_Miracles_and_the_Modern_Mind

Brown, C. (1974). *Philosophy and the Christian Faith*. London: Inter-Varsity Press.

---

113. Para las funciones de la teología véase Pöhlmann, 2002, págs. 26-37.

114. Norman L. Geisler ofrece varios criterios para distinguir entre milagros auténticos y milagros falsos como también entre milagros genuinos y eventos paranormales causados por magia y hechicería. (Cf. Geisler, Miracles, False, 2012, págs. 343-346 y Geisler, Miracles, Magic and, 2012, págs. 346-349.) El estudio 'Ministry and the Miraculous' también enfatiza la necesidad pastoral de someter los milagros a rigurosos estudios para salvaguardar la credibilidad del evangelio. (Cf. Smedes, 1987, págs. 57-61 y 76-77.)

115. Tanto Jesús como Pablo se distancia de aquellos judíos que buscaban un espectáculo de milagros como marca de autenticidad mesiánica (Mateo 12:39, 16:4, Lucas 11:16, Juan 4:48, 1º Corintios 1:22). La Biblia también reconoce, que el obrar de milagros no es un criterio suficiente para determinar la autenticidad de un profeta (Deuteronomio 13:1-5, Mateo 24:24). Incluso el anticristo obrará milagros para desviar a las multitudes de la doctrina sana (2º Tesalonicenses 2:9). Cf. Smedes, 1987, pág. 28.

Clark, D. K. (1997). Miracles in the World Religions. En R. D. Geivett, & G. R. Habermas (Edits.), *In Defence of Miracles: A Comprehensive Case for Gods Action in History* (págs. 199-213). Downers Grove: Inter Varsity Press.

Craig, W. L. (2008). *Reasonable Faith: Christian Truth and Apologetics*. Wheaton: Crossway.

Cruz, A. (2004). *La ciencia, ¿encuentra a Dios? El creador frente a las últimas revelaciones científicas*. Barcelona: CLIE.

Cruz, A. (2015). *Nuevo Ateísmo: Una respuesta desde la ciencia, la razón y la fe*. Barcelona: Editorial CLIE.

Dawkins, R. (2013). *El Espejismo de Dios*. Espasa.

Drossel, B. (18 de Mayo de 2017). *Zehn Fragen zum Wesen der Naturgesetze*. Obtenido de http://www.iguw.de

Egelkraut, H. (2017). *Das Alte Testament: Entstehung-Geschichte-Botschaft* (Sexta ed.). Giessen: Brunnen.

Erickson, M. J. (2013). *Christian Theology* (Tercera ed.). Grand Rapids: Baker Academic.

Fabry, H.-J. (2005). Wunder (II.): Altes Testament. En *Religion in Geschichte und Gegenwart* (Vol. 8, págs. 1717-1719). Tübingen: Mohr Siebeck.

Flew, A. (2013). *Dios existe: Cómo cambió de opinión al ateo más famoso del mundo*. Madrid: Editorial Trotta.

Garrett, J. L. (1996). *Teología Sistemática: Bíblica, histórica y evangélica* (Vol. I). El Paso: Casa Bautista de Publicaciones.

Geisler, N. L. (1997). Miracles and the Mordern Mind. En R. D. Geivett, & G. R. Habermas (Edits.), *In Defense of Miracles: A Comprehensive Case for Gods Action in History* (págs. 73-85). Downers Grove: Inter Varsity Press.

Geisler, N. L. (2012). Miracle. En N. L. Geisler, *The Big Book of Christian Apologetics: An A to Z Guide* (págs. 323-325). Grand Rapids: Baker Books.

Geisler, N. L. (2012). Miracles in the Bible. En *The Big Book of Christian Apologetics: An A to Z Guide* (págs. 351-355). Grand Rapids: BakerBooks.

Geisler, N. L. (2012). Miracles, Apologetic Value of. En N. L. Geisler, *The Big Book of Christian Apologetics: An A to Z Guide* (págs. 325-330). Grand Rapids: Baker Books.

Geisler, N. L. (2012). Miracles, Arguments Against. En N. L. Geisler, *The Big Book of Christian Apologetics: An A to Z Guide* (págs. 330-342). Grand Rapids: Baker Books.

Geisler, N. L. (2012). Miracles, False. En *The Big Book of Christian Apologetics: An A to Z Guide* (págs. 343-346). Grand Rapids: Baker Books.

Geisler, N. L. (2012). Miracles, Magic and. En *The Big Book of Christian Apologetics: An A to Z Guide* (págs. 346-349). Grand Rapids: Baker Books.

Geisler, N. L. (2012). Panentheism. En *The Big Book of Christian Apologetics* (págs. 421-425). Grand Rapids: BakerBooks.

Geivett, D. R. (2001). Why I believe in the Possibility of Miracles. En N. L. Geisler, & P. K. Hoffman (Edits.), *Why I am a Christian: Leading Thinkers explain why they believe* (págs. 95-110). Grand Rapids: Baker House.

Gitt, W. (10 de Agosto de 2017). *Naturgesetze und Wort Gottes: Ein lohnender Vergleich.* Obtenido de https://www.youtube.com

Habermas, G. (2017). *La Singularidad de Jesucristo entre las mayores religiones del mundo.* Lynchburg. Obtenido de www.garyhabermas.com/evidence1

Holthaus, S. (2010). *Apologetik: Eine Einführung in die Verteidigung des christlichen Glaubens.* Hammerbrücke: Jota Publikationen.

Hume, D. (1994). *Investigación sobre el conocimiento humano.* Barcelona: Altaya.

Keener, C. S. (2011). *Miracles: The Credibility of the New Testament Accounts* (Vol. I). Grand Rapids: Baker Academic.

Keller, T. (2017). *¿Es razonable creer en Dios? Convicción, en tiempos de escepticismo.* Nashville: B&H Español.

Kulenkampff, J. (2000). Hume, David. En *Religion in Geschichte und Gegenwart* (Cuarta ed., Vol. 3, págs. 1955-1956). Tübingen: Mohr Siebeck.

Lennox, J. (2009). *Hat die Wissenschaft Gott begraben? Eine kritische Analyse moderner Denkvorraussetzungen.* Witten: SCM R. Brockhaus.

Lewis, C. S. (2006). *Los Milagros.* Nueva York: Rayo.

Lindsley, A. (17 de Noviembre de 2018). *C.S. Lewis on Miracles.* Obtenido de http://www.cslewisinstitute.org/CS_Lewis_on_Miracles_page1

Nash, R. H. (1997). Miracles & Conceptual Systems. En R. D. Geivett, & G. R. Habermas (Edits.), *In Defense of Miracles: A Comprehensive Case for Gods Action in History* (págs. 115-131). Downers Grove: Inter Varsity Press.

Ohst, M. (2006). Wunder (V). En *Theologische Realenzyklopädie* (Vol. 36, págs. 397-409). Berlin: Walter de Gruyter.

Pöhlmann, H. G. (2002). *Abriss der Dogmatik: Ein Kompendium* (Sexta ed.). Gütersloh: Chr. Kaiser/GütersloherVerlagshaus.

Purtill, R. L. (1997). Defining Miracles. En D. Geivett, & G. R. Habermas (Edits.), *In Defense of Mircales: A Comprehensive Case for Gods Action in History* (págs. 61-72). Downers Grove: Inter Varsity Press.

Science or Miracle?; Holiday Season Survey Reveals Physicians' Views of Faith, Prayer and Miracles. (29 de Noviembre de 2018). Obtenido de https://www.businesswire.com/news/home/20041220005244/en/Science-Miracle-Holiday-Season-Survey-Reveals-Physicians

Smedes, L. B. (Ed.). (1987). *Ministry and the Miraculous: A case study at Fuller Theological Seminary.* Pasadema: Fuller Theological Seminary.

Sproul, R. C. (2006). *Cómo defender su fe: Una introducción a la apologética.* Grand Rapids: Editorial Portavoz.

Sproul, R. C. (2009). *The Consequences of Ideas: Understanding the Concepts that Shaped Our World.* Wheaton: Crossway.

Thiel, W. (2006). Wunder (II.): Altes Testament. En *Theologische Realenzyklopädie* (Vol. 36, págs. 383-386). Berlin: Walter de Gruyter.

Wachter, D. (3 de Mayo de 2018). *Miracles are not violations of the laws of nature because the laws do not entail regularities.* Obtenido de http://sammelpunkt.philo.at/2467/1/Wachter-2015-regularities-2015-05-21.pdf

Webster, J. (2006). Wunder (VII.): Dogmatisch. En *Religion in Geschichte und Gegenwart* (Vol. 8, págs. 1727-1729). Tübigen: Mohr Siebeck.

Williams, P. (2006). Buddhismus: Ein historischer Überblick. En C. Partridge (Ed.), *Das große Weltbuch der Religionen* (págs. 188-194). Wuppertal: R. Brockhaus Verlag.

PARTE III
Delmer Wiebe

CAPÍTULO 10
La resurreción de Cristo

10.1 Introducción

Pablo dice en 1 Corintios 15:14: *"si Cristo no ha resucitado, vana es entonces nuestra predicación, y vana también vuestra fe."* Aparentemente el tema de la resurrección de Cristo, es más que importante para la fe cristiana. Y no sorprende, que por ello también es uno de los temas más ambivalentemente discutidos. La pregunta realmente es, si el relato de la resurrección corporal de Cristo de entre los muertos, es históricamente fiable o si se trata de un mito. La Biblia nos habla de la resurrección. Pero existen también otras teorías alternativas que tratan de explicar lo supuestamente sucedido. Esta tercera parte del libro trata de dar una respuesta a esa pregunta, de hecho, fundamental y analizará las teorías alternativas más difundidas. No entraré en el debate de si milagros pueden o no suceder, sino analizaré más bien las evidencias históricas y literarias que hablan de ese milagro en especial.

La pretensión de la fe cristiana es la siguiente: Jesús resucitó corporalmente y no volvió a morir después. No se trata de una vida espiritual-espiritista después de la muerte, en la cual muchas otras religiones también creen. Ahora esa pretensión puede demostrar ser verdadera o falsa. Mi objetivo es de defender la veracidad histórica de la resurrección corporal de Cristo.

Pero todos sabemos, que los muertos no resucitan. En nuestro mundo todo lo que se puede probar científicamente[1], es cierto. Un hecho es un hecho, cuando se puede probar. Pero esa es una "petitio principii". Postulo algo, que es cuestionable. ¿De dónde sabes, que solo existen hechos científicos?

Si leemos los relatos neotestamentarios de la resurrección corporal de Cristo, nos damos cuenta, que el texto nos cuenta algo, que es sobrenatural. Va en contra de las leyes de la naturaleza y, por ende, es algo imposible. Es imposible para la ciencia empírica. Las ciencias empíricas deducen sus conclusiones a partir de observaciones actuales y repeticiones experimentales.

---

1. Siempre refiriéndose a las ciencias naturales y no a las ciencias humanas.

Así por ej. la "microevolución" es un fenómeno observable en la actualidad y puede ser comprobada por experimentos.

Pero los Evangelios y relatos en las cartas relacionadas al tema se presentan como relatos de hechos históricos. ¿Se puede tomar esto como certeza histórica o se trata de un mito? ¿Existe manera de comprobarlo científicamente?

La historia, la ciencia forense, la jurídica y otras, son ciencias especulativas, no empíricas. Las ciencias especulativas investigan eventos singulares del pasado en base a las evidencias que permanecieron hasta el presente. Debido a esto, sus conclusiones se formulan en términos de probabilidades. Es decir, nos cuentan lo que pudo haber ocurrido en el pasado.[2]

La historia no se puede reproducir con experimentos. Historiadores usan tres criterios para determinar si un hecho es históricamente cierto o no: los hallazgos o las evidencias históricas, las fuentes y las teorías alternativas.[3] En nuestro caso, los hallazgos o evidencias en su mayoría son documentados en manuscritos, en las fuentes. Por eso, primero hablaré de su confiabilidad para luego hablar de lo que éstos nos dicen acerca del hecho en cuestión.

10.2 Las fuentes

Para los historiadores, las fuentes son libros, anotaciones, inscripciones o citas, referentes al hecho a investigar, que pueden ser consultadas. Ciertos criterios indican el grado de confiabilidad de las fuentes. Un criterio es la edad. Fuentes antiguas, cercanas al suceso tienen mucho valor. Luego es importante la cantidad. Mientras más fuentes se tenga de un mismo suceso que coincidan en lo esencial, y que además de eso sean independientes entre sí, mejor. Después viene la credibilidad, la confiabilidad. ¿Se trata de una fuente confiable o tiende a ser leyenda lo que retrata? Y por último es importante la tradición, es decir la transmisión escrita de los textos.

10.2.1. Fuentes extra-bíblicas

Fuentes históricamente fiables se encuentran sobre todo en los Evangelios, el libro de Hechos y las cartas del Nuevo Testamento. Pero también tenemos fuentes extra-bíblicas. A veces se argumenta, que no son muy extensas, sobre todo, cuando se trata de la resurrección.[4] Tenemos que ver,

2. Spieß, pág. 1.
3. Cf. en la bibliografía de Johannes Hartl en una ponencia registrada en YouTube. Hartl, 2016.
4. Últimamente es Bart Ehrman quien con vehemencia niega la posibilidad de evidencia histórica para la resurrección de Jesús. Cf. Craig, 2017, pág. 305.364s.

que no existe una razón, por qué un Tácito, historiador romano, estando al otro lado del reino romano, debería hablar de la muerte de un maestro en Palestina. Pero tenemos varias fuentes que hablan o de la resurrección o de Jesús o de la iglesia primitiva.

Una mención muy importante acerca del cristianismo encontramos en los Anales de Tácito (alrededor de 55-120 d. Cr.). El habla en el contexto del incendio de Roma durante el gobierno de Nerón acerca de los cristianos (quienes fueron culpados por Nerón de haber causado el incendio) diciendo: "Este nombre [cristianos, DW] viene de Cristo, quien bajo Tiberio fue matado por el procurador Poncio Pilato[5]."[6] Esa es una nota que concuerda exactamente con el Nuevo Testamento. Tácito agrega además, que la creencia en este Cristo no solo se difundió en Judea, sino llegó también a Roma. También Plinio el joven, (61-113 d. Cr.) le escribe al Cesar Trajano dándole consejos, de cómo tratar con los cristianos. Del escritor sirio Mara Bar-Sarapion (73-132 d. Cr.) tenemos un manuscrito que hoy se encuentra en el museo británico, el cual menciona la muerte por asesinato de Jesús por parte de los judíos.[7]

Otros escritores que mencionan aspectos referentes al cristianismo son Suetonio, Thallus, Josefo, Luciano y otros más.[8] Gary Habermas resume las evidencias extrabíblicas diciendo: "En total, un mínimo de 17 fuentes no cristianas recuerdan más de 50 detalles de la vida, las enseñanzas, la muerte y la resurrección de Jesús, además de detalles acerca de la iglesia primitiva."[9] La mayoría se refiere a la muerte de Cristo. Además, esas fuentes se datan entre el año 20 hasta 150 d. Cr. lo cual es extremamente temprano. Estas fuentes mencionan que Jesús cumplió las profecías del Antiguo Testamento, que hizo milagros, que tuvo discípulos y muchos creyeron que fue o es un Dios. Además, mencionan que fue crucificado por blasfemia pero que resucitó y apareció a sus discípulos, que luego se convirtieron en predicadores.[10]

Esas fuentes nos posibilitan afirmar que Jesús fue realmente un personaje histórico, que vivió en Palestina, durante el primer siglo d. Cr.

10.2.2. La Biblia y su credibilidad

Ahora, las fuentes más antiguas que tenemos acerca de la muerte y resurrección de Jesús, históricamente son los Evangelios junto con las cartas

---

5. Quien por cierto aparece en una inscripción encontrada en 1961 en Cesaréa Marítima. Cf. también Habermas, 2001b.
6. Tácito, Annales XV,44. Cf. también Hartl, 2016; Spieß, pág. 2.
7. Cf. Bruce, 2007, pág. 22s.
8. Cf. Habermas, 2001b.
9. Habermas, 2001b (traducido por DW).
10. Habermas, 2001b.

de Pablo y el libro de Hechos. Posiblemente en 1 Cor 15 tenemos un credo o himno muy antiguo, el cual Pablo escuchó poco tiempo después de su conversión (cf. Hechos 9:27ss.; Gal 1:21ss.). Este texto fue escrito unos 25 a 26 años después de la muerte de Jesús. Pero no solo eso; según la mayoría de los eruditos el texto de Pablo en 1 Cor 15 se basa muy probablemente en un credo o un himno cristiano (1 Cor 15:3a: "*yo os entregué en primer lugar lo mismo que recibí:...*"), el cual, poco tiempo después de la muerte de Jesús, en el año 30 d. Cr. fue cantado, y probablemente también recitado.[11] Pertenece a los testimonios más antiguos que tenemos acerca de la resurrección de Cristo. Los evangelios fueron escritos entre los años 50 hasta 95. Mateo, Marcos, Lucas y Hechos incluso antes del 65 d. Cr.[12]

Lucas en su evangelio, añade un prólogo (Lc 1:1-4), cual nos indica, que su obra la quiere tener entendida como una obra históricamente fiable.[13] Él dice haberlo investigado todo con diligencia y lo que escribe, hace en orden. Además de eso, Lucas nos presenta un conocimiento muy bueno y exacto de la topografía de Palestina, lo cual habla a favor de su autenticidad.[14]

Los evangelios pretenden ser documentos históricos, fiables y exactos. Para un historiador son importantes las fuentes de los Evangelios.[15] Hoy no tenemos el documento original de ningún solo párrafo del Nuevo Testamento. ¿Podemos estar seguros que el texto de la Biblia es realmente el original de los autores? ¿O fueron manipulados y ampliados? Las respuestas a esas preguntas tienen que ver directamente con la confiabilidad del texto. Si se tiene una gran cantidad de manuscritos disponibles, lo más cerca posible al autor original entonces históricamente logramos un alto grado de fiabilidad. Si encima estas copias fueron distribuidas en un gran territorio sin grandes diferencias y si se tienen textos completos, esa fiabilidad aumenta.[16] En este caso, con el Nuevo Testamento tenemos el texto mejor testificado de toda la antigüedad. La historia del texto neotestamentario fue mejor estudiada que la de cualquier otro documento. No existe ningún secreto. Hoy cada uno puede estudiarlo en el aparato

---

11. Cf. Ware, 2014.
12. Cf. la argumentación convincente de Habermas, 2001b.
13. De que Lucas en primer lugar es historiador y no teólogo es casi imposible de negar. Cf. Thiessen, 2009, pág. 74.
14. Hartl, 2016.
15. Cf. los 11 puntos mencionados por Craig que afirman la credibilidad de los evangelios con fuentes externas. Craig, 2017, pág. 349s. Él llega a la conclusión, de que juntando la evidencia externa con la interna, podemos afirmar de que los evangelios con auténticos.
16. Cf. Habermas, 2001b.

crítico[17] de diferentes versiones del texto griego. Precisaré lo afirmado con algunos ejemplos:[18]

A) El Nuevo Testamento, claramente, tiene la mayor cantidad de manuscritos. Otras obras antiguas se basan en el testimonio de unos pocos manuscritos parciales o completos, normalmente menos que 10. De *La Ilíada* de Homero, segunda mejor atestiguada, tenemos 643 manuscritos y de la obra *Bellum Gallicum* de César, tenemos 10 manuscritos. De las obras de Herodoto, 8. De las obras de Aristóteles, 5. Todo nuestro conocimiento de la antigüedad, acerca de esas obras, se basa en estos textos. Del Nuevo Testamento existen 5.686 manuscritos independientes parciales o completos. Además de eso, existen miles de manuscritos de traducciones al latín, el sirio o el copto. Llegamos de esa manera a un total de alrededor de 25.000 manuscritos. Si partimos de los 5.686 manuscritos independientes, entonces el Nuevo Testamento se adelanta a *La Iliada* con el factor 8,8, y al resto de los documentos de la antigüedad con un factor de más de 500.[19]

B) A pesar de la gran diversidad de textos y en un territorio muy grande, existe un alto grado de homogeneidad en el texto. El texto lo podemos reconstruir. Llegamos a 98%[20] de seguridad del texto. Es decir, podemos llegar a reconstruir el texto original a pesar de la existencia de un número de variantes. El restante 2% se refiere a unos 10 a 20 versículos dónde no podemos decir con certeza cuál ha sido el texto original. Pero ninguno de esos versículos cambia alguna doctrina cristiana. Significa que tenemos un texto fiable y la transmisión del mismo ha sido muy cautelosa.

C) Un factor importante para la fiabilidad de un texto es el tiempo entre el original y el manuscrito que poseemos. Otra vez el Nuevo Testamento deja atrás a todo lo conocido de la antigüedad. El *Bellum Gallicum* de César fue escrito por el mismo en los años 100-40 a. Cr. El manuscrito más antiguo que poseemos data del año 1000. Más o menos igual es el caso con los Anales de Tácito. En el caso de Herodoto hablamos de una distancia de 800 años. Lo más cerca llegamos con *La Iliada* de Homero dónde tenemos un intervalo de solo 400 años entre el original y la copia más antigua. En el

17. Aparato crítico se denominan las extensas notas al pie de las páginas del Nuevo Testamento Griego, donde se mencionan, usando abreviaciones y códigos apropiados, las diferentes variantes textuales presentes en los diferentes manuscritos hoy accesibles.
18. Cf. también lo expuesto por McDowell, 2004, pág. 40ss.
19. Habermas, 2001b; Hartl, 2016. Cf. también la cita de John Warwick Montgomery que menciona McDowell: "Ser escéptico en cuanto al texto resultante de los libros del Nuevo Testamento es permitir que toda la antigüedad clásica caiga en la oscuridad, porque ningún documento del período antiguo está tan bien atestiguado bibliográficamente como el Nuevo Testamento." McDowell, 2004, pág. 44.
20. Autores como Wenham p. ej., incluso hablan de 99,99% de exactitud. Cf. Habermas, 2001b.

caso de Platón y Aristóteles hablamos de 1200 y 1400 años respectivamente. Esa es la norma. Por otro lado, el documento más antiguo reconocido del Nuevo Testamento es el Fragmento de Rylands conocido como P[52] que contiene partes de Juan 18. Se lo data alrededor del año 120 d. Cr. Sabemos que Juan vivió hasta el tiempo de Trajano, lo que sería 98 d. Cr. Significa, si Juan, como es comúnmente aceptado entre los eruditos neotestamentarios, escribió el evangelio alrededor del año 95, que la distancia entre el original y el manuscrito que tenemos es de apenas 25 a 30 años. Importante también son los Papiros Bodmer y Chester Beatty. Contienen la mayoría de los textos del Nuevo Testamento, también algo del Antiguo Testamento. El primero data de alrededor del año 200 y el segundo alrededor del año 250 d. Cr. Significa que tenemos 100 a 150 años, después de la muerte de los autores ya manuscritos de casi todos los libros del Nuevo Testamento. El códice Sinaítico con todo el Nuevo Testamento y el Vaticano con casi todo el texto, provienen de unos 250 años después de los autores originales.[21] Este hecho sorprendente, John A. T. Robinson, lo resume de esa manera: "La cantidad de manuscritos y el breve intervalo de tiempo entre la redacción y las copias más antiguas, lo hacen por lejos el texto mejor atestiguado del mundo antiguo."[22]

Cómo último, después del veredicto impresionante acerca de los manuscritos y su fiabilidad, queda la pregunta acerca de la fiabilidad del relato de los evangelios mismos. Históricamente tenemos algunos criterios[23] que ayudan a definir si textos son confiables en su contenido o no. 1) Evidencias antiguas son preferidas. Si hablamos de Jesús, entonces evidencias entre los años 30 a 50 d. Cr. serían muy antiguas y altamente confiables. 2) Se aumenta la credibilidad de los textos, si los mismos vienen de testigos oculares (p. ej. de Mateo, Juan, los discípulos, etc.). 3) Testimonios independientes de varios testigos son mejores y aumentan nuevamente la fiabilidad. En este caso, pequeñas contradicciones aumentan la credibilidad porque textos posteriormente editados habrían ocultado las mismas unificando el texto.[24] 4) El "principio de la vergüenza" mejora la credibilidad.[25] Significa que un texto recibe mayor credibilidad si el autor escribe de sí o de un hecho al cual lo califica como positivo, de manera negativa o desfavorable. Relatos netamente positivos son más sospechosos de ser inventos. Los Evangelios cumplen con el "principio de la vergüenza". Un ejemplo es la muerte deshonrosa de Jesús en la cruz. ¿Qué interés tendrían los discípulos de difundir la historia deshonrosa en su misión bajo los griegos y romanos? Un Jesús heroico que cayó en la pelea como un valiente se

21. Cf. Habermas, 2001b.
22. Citado por Habermas, 2001b.
23. Cf. los puntos mencionados por Habermas, 2001b.
24. Hartl, 2016.
25. Habermas, 2001b.

podría haber vendido mucho mejor. 5) Si fuentes contrarias concuerdan con los relatos bíblicos, aumenta la credibilidad de los mismos (cf. Tácito, Anales 15,44 refiriéndose al cristianismo como una mal y dañina herejía).

Hemos comprobado la confiabilidad de las fuentes. Estas fuentes que tenemos, hablan de un suceso histórico: la muerte, la resurrección y la aparición de Cristo.

10.3 Las evidencias históricas

Evidencias históricas son p. ej. los hallazgos arqueológicos. Pero, muchas veces no las tenemos. Otra evidencia puede ser, si un reinado de repente deja de existir. Carlomagno, se dice, ha vencido a los Longobardos. El reino de los Longobardos termina efectivamente alrededor del año 800 d. Cr. La evidencia es, que el reino dejó de existir. Así que Carlomagno existió de verdad o debes buscar otra teoría para explicar su desaparición.

Hablando de la resurrección de Jesús, tenemos dos evidencias importantes: la tumba vacía y la fe de los primeros creyentes. Pero antes de hablar de la tumba vacía, tengo que hablar de un prerrequisito de la resurrección y esto es la muerte y el sepelio de Jesús.

10.3.1 La muerte de Cristo y su sepelio

No puede haber resurrección sin la muerte y el sepelio de Jesús.[26] La muerte y el sepelio de Jesús pertenecen a los hechos mejor confirmados de la antigüedad, y eso por diferentes fuentes. A pesar de eso, "la idea de que Jesús en verdad nunca murió en la cruz se puede encontrar en el Corán, el cual se escribió en el siglo VII".[27] Se han inventado diferentes teorías para explicar lo que pudo haber pasado. Estas teorías revisaré más abajo.

Por ahora nos queda sostener, que la muerte y el sepelio de Jesús es afirmada tanto por los cuatro Evangelios, como por el libro de Hechos, así como también por Pablo en Rom 5:8, 1 Cor 15:3 y 1 Tes 4:14. Un importante hecho, en el cual los cuatro Evangelios concuerdan consiste en que Jesús fue bajado de la cruz y sepultado por José de Arimatea (Mt 27:57ss.; Mc 15:42ss.;

---

26. En realidad, antes de eso debemos sostener que Jesús como persona histórica existió y vivió. Cómo William L. Craig sostiene, de eso tenemos mucha más evidencia que de cualquier otra figura grande de la historia. A la par del Nuevo Testamento tenemos testimonios romanos y judíos. Eso es extraordinario pensando en que Jesús era una persona bastante oscura para aquel tiempo. Cf. Craig, 2010, pág. 285. Además deberíamos explicar el origen del Cristianismo sin la existencia de Cristo, algo muy poco probable. Cf. ibid. 241ss.; Hartl, 2016.

27. Strobel, 2014, pág. 222 (traducido por DW). Cf. Surah IV.

Lc 23:50ss.; Jn 19:38). Incluso personas como Gerd Lüdemann, un escéptico teólogo alemán, aceptan la historicidad de este relato.[28] José fue según Mt 27:57 un hombre rico y además, miembro del concilio, posiblemente del Sanedrín. Ellos fueron los principales responsables de haber demandado a Jesús, lo que luego llevó a su crucifixión. Por eso, es poco probable que José de Arimatea haya sido un invento cristiano. Es como miembro del Sanedrín el menos indicado para hacer lo que hizo. ¿Por qué? William Lane Craig en el libro de Lee Strobel contesta esa pregunta de la siguiente manera:

> "Dado el enojo y la amargura de los primeros cristianos contra los líderes judíos que habían instigado la crucifixión de Jesús [...], es muy improbable que hubieran inventado uno que hizo lo correcto dándole a Jesús una sepultura digna, ¡especialmente cuando todos los discípulos de Jesús lo abandonaron! Además no hubieran inventado un miembro específico de un grupo específico, al cual la gente pudiera preguntarle para verificar lo sucedido. Por lo tanto, José es sin duda una figura histórica."[29]

La alta probabilidad de la historicidad del relato de la muerte y el sepelio de Jesús, soporta la evidencia de la tumba vacía. El hecho de que José de Arimatea haya sepultado a Jesús y que esto fue de común conocimiento como podemos ver en los diferentes relatos, significa lo siguiente: la gente sabía dónde se encontraba la tumba de Jesús y se sabía, que él murió de verdad. Además, sabemos con eso, que la tumba estaba vacía, pues de otra manera no se puede explicar, cómo los primeros discípulos empezaron a creer en la resurrección, si la tumba aún se encontraba ocupada.[30]

10.3.2 La tumba vacía

La tumba vacía[31] es una de las evidencias más fuertes que tenemos.[32] Cada evangelio nos cuenta, que la tumba está vacía (Mt 28:1ss.; Mc 16:1ss.;

---

28. Cf. el debate de Lüdemann con William Lane Craig en https://www.youtube.com/watch?v=JQ4uLmaaLjs consultado el 12.05.2017.

29. Strobel, 2014, pág. 243 (traducido por DW). John A. T. Robinson añade, que se trata de uno de los hechos mejor atestiguados que tenemos del Jesús histórico. Cf. también Craig, 2010, pág. 221ss.

30. Sobre todo, sabiendo, que los judíos tenían un concepto físico de la resurrección. "Para ellos el objetivo primario de la resurrección eran los huesos del fallecido". Significa que sería una contradicción para un judío decir que alguien resucitó, pero que su cuerpo aún se encontraba en la tumba. Cf. Strobel, 2014, pág. 244.

31. Bueno, en realidad la tumba no estaba vacía. Sino las envolturas y el sudario se encontraban adentro, bien doblados (cf. Lc 24:12; Jn 20:5-7). Véase para eso Thiessen, 2009, pág. 69.

32. Cf. la argumentación de Craig, 2010, pág. 225ss.

Lc 24:1ss.; Jn 20:1ss.). Además, Pablo lo menciona en 1 Cor 15 y Hechos 2 y 13 se refieren a ella. A esa fuente muy antigua de Pablo, se le pueden añadir otras. Mateo conoció otra, ya que él narra la historia de los guardias y la conspiración del cuerpo robado, que "se divulgó extensamente entre los judíos hasta hoy" (Mt 28:15).[33] Tres grupos de testigos nos son mencionados: soldados, mujeres y los discípulos.[34]

La tumba vacía no fue cuestionada en la antigüedad, en un tiempo, cuando una revisión todavía era posible. Volviendo al ejemplo de Pablo en 1 de Corintios: ahí se afirma, que Cristo murió[35] y ahora la tumba está vacía. Pues Cristo fue sepultado y resucitó[36] al tercer día (1 Cor 15:4).

Hasta los adversarios de Jesús tenían que admitir eso. Pues en Mt 28:13s. encontramos que les dan plata a los soldados para que difundan la siguiente noticia: «*Decid esto: "Sus discípulos vinieron de noche y robaron el cuerpo mientras nosotros dormíamos." Y si esto llega a oídos del gobernador, nosotros lo convenceremos y os evitaremos dificultades*» Ellos no podían mostrar a la gente el cuerpo. La tumba estaba vacía y Jesús resucitó. Además, según Jn 20:4ss. las envolturas y el sudario todavía se encontraban en la tumba. ¿Qué clase de ladrón se tomaría el tiempo de enrollarlas y dejarlas atrás para llevarse, solamente, el cuerpo? Esa mentira solamente da sentido, si no tienes otra alternativa para explicar lo que los discípulos predican y lo que la gente puede verificar. No tenían al cuerpo de Jesús[37] y por eso tuvieron que inventar una teoría alternativa. Johannes H. Schmid, profesor de Teología en Berna dice: "Es evidente, que los judíos entendieron la afirmación de la resurrección como una resurrección verdadera del cuerpo de Cristo de la tumba y obviamente no podían mostrar el cuerpo de Cristo."[38]

En los últimos años a veces se dijo, que la tumba no estaba vacía, porque Pablo no lo menciona. Los únicos testimonios por ende se encontrarían solamente en los Evangelios, vistos muchas veces como tradición tardía eclesiástica. A eso podemos contestar de la siguiente manera[39]:

---

33. Cf. Craig, 2010, pág. 223s. En realidad se trata de una de las evidencias históricas más fuertes a favor de la autenticidad, ya que en la fuente misma se menciona una teoría alternativa que explica lo sucedido.

34. Cf. Spieß, pág. 3.

35. Tanto en las palabras "murió" (ἀπέθανεν) como "fue sepultado" (ἐτάφη) Pablo usa el aoristo indicando con eso, que se trata de hechos históricamente terminados.

36. Pablo ahí usa el tiempo perfecto (ἐγήγερται) indicando con eso, que el cuerpo no solo fue resucitado, sino que también vive. Cf. von Siebenthal, 2011, pág. 331ss. Cf. también el artículo de Ware. El demuestra – entre otras cosas – que el verbo ἐγείρω en si ya implica la restauración a la vida del cuerpo en carne y hueso. Ware, 2014, pág. 497.

37. M. Hengel agrega, que hubiese sido mucho más convincente decir, que el cuerpo sigue pudriéndose en la tumba. Pero obviamente la tumba estaba vacía. Cf. Spieß, pág. 3.

38. Spieß, pág. 3 (traducido por DW).

39. Cf. para lo siguiente Spieß, pág. 3s.

A) Es una falacia lógica decir que Pablo no sabía de la tumba vacía, porque no escribe explícitamente acerca de ello. Puede ser, que fue un hecho tan divulgado y conocido, que no tenía la necesidad de hacerlo.

B) Pablo no menciona en sus cartas los hechos históricos de la resurrección, como lo hacen los Evangelios. Pero en 1 Cor 15 presupone el conocimiento de la misma. Pues pregunta, cómo es posible que existan aún personas que no creen en la resurrección de los muertos, sabiendo que Dios resucitó a Cristo de los muertos (1 Cor 15:12ss.). Además, en el versículo 4 se mencionan de manera explícita las palabras "sepultado" y "resucitado".

C) En Hechos 13,36s. Pablo en su prédica compara a Jesús con David, quien murió y cuyo cuerpo vio corrupción mientras que Jesús también murió, pero su cuerpo no vio corrupción.

Vemos, que Pablo sabía de la tumba vacía y fue parte del mensaje central de su predicación.

Además, tenemos que sostener, que los Evangelios mencionan a varias mujeres como testigos de la resurrección. Eso es asombroso, ya que el testimonio de una mujer no tenía valor (cf. Flavio Josefo: "El testimonio de una mujer no tiene valor jurídico por la ligereza y la osadía del sexo femenino."). Si se inventó el relato, ¿por qué entonces incluir el testimonio de mujeres?[40] No tiene sentido. Cualquier persona, que quisiera falsificar este relato, no hubiera elegido a mujeres como los primeros testigos, sino a hombres.

10.3.3 La fe de los primeros creyentes

La siguiente evidencia, es la propagación de la fe de los primeros creyentes[41], de los mismos discípulos, inmediatamente después de la muerte y resurrección de Jesús, en la región de los testigos oculares durante el tiempo de los testigos oculares.[42] A pesar de burlas, de persecución y muerte, los primeros creyentes sostuvieron el siguiente mensaje: Dios ha resucitado a Cristo, a quien ustedes crucificaron, de los muertos. Pocas semanas después de la muerte de Cristo y su resurrección, 50 días para ser exacto, y 10 días después de la ascensión, predicaron el mencionado mensaje en Jerusalén (Hechos 2:23ss).

40. Spieß, pág. 4.
41. Cf. también Stuhlmacher, 2005, pág. 177.
42. Hartl, 2016. También notamos, que pasa de ser una enseñanza segundaria como lo es en el judaísmo, a un central en el cristianismo. Cf. Wright, 2008, pág. 589.

Tenemos testigos de la primera década después de la muerte y resurrección de Cristo, en Palestina y también en el territorio alrededor del mar mediterráneo, que hablan de la propagación de, justamente, esa enseñanza. Eso necesita una explicación. Si Jesús no existió o si no murió y resucitó, necesitamos una explicación para la fe de los primeros creyentes. Podemos venir con teorías alternativas, pero debemos poder explicar la tumba vacía y la propagación de la fe de los creyentes.[43]

Tomemos el texto de 1 Cor 15:3-8, que tiene su base en un credo cristiano muy antiguo. Pablo ahí resume la enseñanza de los primeros creyentes. Algo, que el mismo ha recibido como enseñanza. Tenemos que resaltar 4 puntos:

A) Los discípulos estaban convencidos, de que les apareció el Mesías resucitado corporalmente. Los múltiples relatos de las apariciones físicas muestran, que los discípulos vieron y experimentaron a un Jesús físico.[44] Así pues, los diferentes relatos evidencian que las personas presentes podían tocarle, que él consumía comida material, que Jesús tenía las cicatrices de la crucifixión, que él fue reconocido y que se le podía ver y escuchar. Por lo tanto, explicaciones que reducen las apariciones a visiones desmaterializadas o incluso alucinaciones no hacen justicia a la evidencia.[45]

Sabemos que durante el tiempo del Nuevo Testamento existían varios movimientos mesiánicos justo antes de Jesús. Casi todos terminaron con la muerte violenta del fundador. Pero de ningún otro "Mesías" se dice que resucitó.[46] Un Mesías muerto no era un Mesías. Luego, los seguidores tenían dos opciones: o callarse o buscar un nuevo Mesías.[47] Los discípulos de Jesús no hicieron ni lo uno ni lo otro. Y eso es sorprendente. Ya que como vemos en Lc 24:13ss. estaban desilusionados y decaídos después de la muerte de Jesús. Su esperanza murió con Jesús en la cruz. No estaban

43. Hartl, 2016. N. T. Wright además añade, de que los primeros creyentes judíos tuvieron que cambiar radicalmente su entendimiento acerca de la resurrección. Pues Pablo justamente en 1 Cor 15 usa la resurrección de Cristo para demostrar que también los creyentes resucitarán corporalmente, algo impensable para los judíos. Wright, 2008, pág. 712s. Cf. Stuhlmacher, 2005, pág. 177.
44. Cf. Thiessen, 2009, pág. 116ss. El mismo muestra que el uso de la palabra ὤφθη por Pablo en 1 Cor 15:5 niega la posibilidad de una "visión objetiva" según la cual Jesús obró esa visión en el corazón de los discípulos pero que en verdad no lo vieron.
45. Geisler, 2012, pág. 498s. Cf. también Craig, 2010, pág. 237ss.
46. Wright dice, que no "existen tradiciones acerca de un Mesías devuelto a la vida: la mayoría de los judíos de este período abrigaban la esperanza de la resurrección, muchos de ellos abrigaban la esperanza de un Mesías, pero nadie juntó estas dos esperanzas hasta que lo hicieron los primeros cristianos." Wright, 2008, pág. 266. Cf. también Stuhlmacher, 2005, pág. 167.
47. Keller, 2014, pág. 246s. Keller ahí cita a Wright, N. T. (1993). Who Was Jesus? Grand Rapids: Eerdmans.

preparados por su trasfondo judío, de que el Mesías moriría y resucitaría. N. T. Wright sostiene, después de un extenso estudio, que, en el periodo del segundo templo, "resurrección" parece poseer dos significados: la restauración de Israel (sentido metafórico, cf. Ezequiel 37) y de los cuerpos humanos ("recorporeización"). Nada dentro del contexto judío de la época habla "de una resurrección del cuerpo y también de una resurrección del espíritu sin el cuerpo".[48] Wright sigue y dice: "Nadie imaginaba que individuo alguno hubiese sido resucitado ya o que fuera a ser resucitado antes del gran día final."[49] Se esparcieron y en realidad el movimiento murió ahí. Pero después de poco tiempo vemos, que los mismos discípulos predican, poniendo en riesgo su vida, el mensaje de la muerte, resurrección y aparición de Cristo. Este cambio tan profundo de personas judías, necesita explicación. Pinchas Lapide un judío canadiense y por cierto tiempo profesor en Tel Aviv dice:

> "Tal cambio después de pascua, que no fue menos real que repentino e inesperado, necesita de una razón concreta, que no puede excluir la posibilidad de una resurrección corporal. Podemos saber una cosa con certeza: ni los doce ni la iglesia primitiva creyó en sabidurías teológicas inventadas."[50]

Este cambio en la vida de los primeros creyentes, solo se explica con la tumba vacía y la aparición del resucitado.[51] La misma cambió su perspectiva: una historia de fracaso se convierte en una historia de triunfo. Pues parte central de la enseñanza de los creyentes consistía en afirmar la aparición del resucitado. Pablo menciona en 1 Cor 15 a personas particulares (Cefas/Pedro, Jacobo y Pablo) y a grupos enteros (los doce, los apóstoles y a 500 hermanos). La pregunta es, si eso puede inventarse. Pinchas Lapide responde:

> "Si el grupo golpeado y desmoralizado de discípulos se pudo convertir de la noche a la mañana en un movimiento victorioso de fe, simplemente por autosugestión y autoengaño – sin una experiencia de fe profunda –, entonces esto sería un milagro mucho más grande que la resurrección misma."[52]

48. Wright, 2008, pág. 264.
49. Wright, 2008, pág. 266.
50. Spieß, pág. 5 (traducido por DW).
51. Stuhlmacher, 2005, pág. 163.
52. Spieß, pág. 4 (traducido por DW).

Jesús les apareció. Los discípulos estuvieron dispuestos a morir por su fe.[53] Una cosa es morir por su fe o por su religión. Es otra cosa, morir por una fe propiamente inventada. Algunos podrían argumentar ahora diciendo, que también los musulmanes y los mormones están a veces dispuestos a morir por su fe. Pero existe una diferencia importante: los musulmanes están dispuesto a morir por su fe, por convicción. Pero no pueden tener una certeza histórica, pues, todas las revelaciones de Mohamed fueron en secreto. Ellos están tan convencidos de las revelaciones que tuvo Mohamed, que mueren por las mismas, pero no las pueden probar. Podrían estar equivocados. En cambio, los discípulos están dispuestos a predicar y a morir por algo, que con sus ojos vieron y presenciaron. Personas no mueren por convicciones si saben que son falsas. Los discípulos podían saber si Jesús resucitó, si la tumba estaba vacía o si él de verdad les apareció. Si no hubiesen estado tan convencidos, no habrían entregado sus vidas por esa creencia.

B) Pablo menciona a 500 hermanos[54] a los cuales Jesús les apareció. La mayoría de los mismos seguían con vida, 25 años después del hecho y Pablo menciona eso en 1 Cor 15:6. C. H. Dodd dice, que esa mención solo se explica, si Pablo realmente quiso decir: "¡Id y preguntadles si no me creen!"[55] Pueden ser consultados y preguntados. El tiempo para que se forme una leyenda, es demasiado corto.

C) Los discípulos eran judíos monoteístas. No obstante, estas personas de un momento a otro comenzaban a hablar de Jesús como *Kyrios*, traducción griega del nombre propio de Dios según el AT (Yahwé, cf. Fil 2). De la noche a la mañana, de repente empiezan a adorar y a orar a Jesús como Dios y están dispuestos a morir por Él. Solamente la resurrección puede explicar este cambio en la cosmovisión religiosa de forma adecuada.[56]

D) Pablo menciona, que Jesús le apareció a Jacobo.[57] Sabemos de Jacobo, que junto con los otros medio-hermanos de Jesús, antes de la muerte de Jesús, no creían en Él (Mc 3:21.31-35; Jn 7:1-10; cf. Mc 3:21). Es más, pensó, que su hermano estaba loco. Y luego vemos que Jacobo es un pilar central de la primera iglesia en Jerusalén (Hechos 1:14; 15:13ss.) quien alrededor del año 62 d. Cr. fue apedreado y murió como mártir (cf. Josefo, Clemente de Alejandría y Hegesipo). ¿Qué ha producido este cambio radical en la

---

53. Cf. para esa idea Strobel, 2014, pág. 286s.
54. Cf. Craig, 2010, pág. 232s.
55. Craig, 2010, pág. 232.
56. Cf. Keller, 2014, pág. 248s.
57. Craig, 2010, pág. 233s.

vida de Jacobo? El encuentro con el resucitado y la convicción de que realmente resucitó y es el Mesías.[58]

10.4 Teorías alternativas

No es suficiente negar la historicidad de la resurrección de Cristo. El escéptico ahora también tiene que explicar cómo estos relatos fraudulentos surgieron y por qué los seguidores de Cristo estaban preparados a sufrir por este mensaje. Estas alternativas deben poder explicar mejor las evidencias encontradas.

10.4.1 Jesús no murió en la cruz[59]

La primera alternativa es que Jesús no murió en la cruz, sino, como una interpretación en el Corán lo explica, huyó a la India, dónde hasta hoy hay un altar que marca su "verdadera" tumba en Srinagar, Cachemira.[60]

No olvidemos, lo que significa para un judío, que su Rabí, fuese crucificado. Es la peor humillación posible. Significa que fue maldecido por Dios (Deut 21:23; Gal 3,13). Fue el castigo más cruel que los romanos usaron. Ningún ciudadano romano lo sufrió.

Pero el mensaje central del Evangelio es justamente este. Pablo dice en 1 Cor 1:23: *pero nosotros predicamos a Cristo crucificado, piedra de tropiezo para los judíos, y necedad para los gentiles.* La pregunta es, ¿quién inventó este mensaje, si no sucedió de verdad? Cristianos seguro que no. No inventarás una teoría donde los unos dicen que eres un maniático y los otros que eres tonto. Además, la tradición de que Cristo murió en la cruz, es ampliamente difundida (p. ej. en un grafiti de burla sobre Alexámenos encontrado 1856 en Roma. Se observa a un soldado que adora a su Dios, presentado como un Burro colgando de una cruz).

Esa teoría no explica la fe en la crucifixión de los discípulos y creyentes hasta el día de hoy. Por ende, no puede ser cierta.

10.4.2 Jesús fue crucificado, pero no murió

Otra alternativa consiste en decir que Jesús fue crucificado, pero no murió. Parecía estar muerto, pero solo agonizaba. En el libro, el caso de Cristo, Lee Strobel entrevista al médico Dr. Alexander Metherell quien sin

---

58. Strobel, 2014, pág. 288ss.
59. Cf. para este y los siguientes puntos Hartl, 2016.
60. Strobel, 2014, pág. 222. La teoría, por cierto no muy aceptada, es expuesta en el libro de Faber-Kaiser, Andreas (1976). *Jesús vivió y murió en Cachemira.* Madrid: Edaf.

duda dice, de que no existe absolutamente ninguna posibilidad de que Jesús haya sobrevivido a la flagelación y posterior crucifixión.[61] Encima un soldado romano sabe cuándo una persona está muerta y cuando agoniza. Tenía que temer un castigo severo, si no hacía bien su trabajo. Los soldados romanos no eran médicos, pero expertos en matar personas. "Además, si de alguna manera se escapaba un prisionero, los soldados responsables eran ejecutados, por lo tanto, tenían un gran incentivo para asegurarse completamente de que cada víctima estuviere muerta cuando la bajaban de la cruz."[62]

Así que podemos sostener con Habermas que existen muchas fuertes refutaciones médicas acerca de la posibilidad de que Jesús no murió.[63] Pero la clave es que "una persona en ese tipo de estado patético nunca hubiera inspirado a sus discípulos a que fueran a proclamar que es el Señor de la vida que triunfó sobre la tumba."[64] Esa alternativa explica la crucifixión, pero no explica la aparición del resucitado y el cambio que la misma produjo en los discípulos.

10.4.3 Jesús murió, pero su cuerpo fue robado

Esa teoría incluso ya se encuentra en la Biblia, en Mt 28:13. La idea consiste en que los discípulos vinieron y robaron el cuerpo de Cristo, mientras los soldados dormían. Esa teoría fue inventada por los principales sacerdotes y los ancianos contrarios a Jesús. ¿Por qué? Porque necesitaban una explicación de la tumba vacía. Esa teoría por lo tanto admite la tumba vacía. Pero esa teoría no es buena, porque pretende hacernos creer, que un grupo de soldados, sabiendo que si no cumplían con su tarea de cuidar la tumba les esperaba la pena de muerte, dormían todos al mismo tiempo. Y aun estando dormidos vieron que fueron los discípulos que robaron el cuerpo de Jesús. Además, ¿cuál habría sido la motivación de los discípulos de hacer algo así? Cómo Keller arguye, deberían poder haber partido de que otros judíos estarían abiertos a la fe de que una persona singular resucitaría de los muertos, lo cual no es el caso.[65] Además tocar un cadáver era algo impuro para un judío. No lo harían. En el Talmud, en un tratado llamado Zenachot 13,7 leemos de que es prohibido para un judío cambiar de tumba a un difunto, a no ser que fuera para llevar el cuerpo de un difunto de otro país a Israel.

61. Strobel, 2014, pág. 223ss. espcialmente la pág. 233.
62. Strobel, 2014, pág. 232s. (traducido por DW).
63. Habermas, 2001a.
64. Strobel, 2014, pág. 234.Cf. Habermas, 2001a; Hartl, 2016.
65. Keller, 2014, pág. 246.

Para ser sinceros, es una parodia. Imaginémonos los discípulos elaborando este plan: "Vamos a robar el cuerpo de Jesús, luego lo guardamos en un lugar secreto, volvemos y contamos una historia y al final nos matan por eso".[66]

El problema principal consiste en la pregunta: *¿qui bonum* – a quién le sirve? ¿Quién sacaría una ventaja de eso? Sabiendo que el muerto no era el Mesías, sabiendo que con una mentira pecas contra Dios, sabiendo que probablemente serás perseguido, ¿cuál es la motivación de inventar tal historia? De historiadores como Tácito, Epicteto, Marc Aurel, Suetonio, Juvenal, Plinio el menor y Flavio Josefo, sabemos que los cristianos fueron perseguidos, quemados, decapitados y crucificados. Flavio Josefo nos cuenta, por ejemplo, que Jacobo, hermano de Jesús fue matado alrededor de 62 d. Cr.

La debilidad más grande de esa teoría es que no explica la transformación de los discípulos, convencidos de haber visto al Cristo resucitado luego de que se les apareció. Sobre todo, falla en explicar la disposición de los discípulos de morir por su fe. Y si fue otra persona que robó el cuerpo, no explica las apariciones y se necesita de otra teoría que se añadiría a esa. Las leyendas y la mitología no explican el testimonio dado por antiguos testigos oculares que dicen haber tenido un encuentro con el resucitado.[67]

10.4.4 Alucinaciones de los discípulos

Esa es la explicación naturalista[68] más difundida y más congruente que existe.[69] Consiste en que, cómo Lüdemann lo expresa, "los discípulos de Jesús realmente creyeron haber visto al Jesús resucitado" ya que el lenguaje del Nuevo Testamento es un lenguaje figurativo, pero en realidad lo que vieron fue una "visión" o "alucinación" la cuál luego fue proclamada.[70] Estas visiones fortalecieron en los discípulos la idea, de que Jesús de alguna manera estaba vivo todavía. Por eso se habla también de una resurrección al kerigma, a la predicación o proclamación, pero no de una verdadera resurrección.

---

66. Hartl, 2016.

67. Habermas, 2001a.

68. Surgió ya en 1835 con el libro *"Das Leben Jesu kritisch bearbeitet"* de David Strauss dónde el propone, que las apariciones del resurrecto solo son alucinaciones de una parte de sus discípulos. Cf. Craig, 2010, pág. 254ss.

69. Cf. p. ej. los libros de Lüdemann, Gerd (2004). *The Resurrection of Christ. A Historical Inquiry*. New York: Prometheus, y (1995). *What Really Happened to Jesus. A Historical Approach to the Resurrection*. Kentucky: John Knox, para esta argumentación. Véase también el resumen de su postura en Thiessen, 2009, pág. 38ss.

70. Cita según Habermas, 2001a.

Esta explicación tiene varias debilidades. Habermas menciona siete[71]:

1) Alucinaciones son eventos privados, experimentados por una persona solitaria. Pero Pablo en 1 Cor 15 menciona, y existen otras evidencias, de que Jesús apareció a varias personas, incluso a grupos enteros.

2) Sabiendo que las alucinaciones son experiencias aisladas, parece muy improbable, que muchas personas, incluso grupos, en lugares diferentes, en tiempos diferentes y bajo circunstancias diferentes tengan una misma alucinación.

3) Alucinaciones normalmente surgen de una expectativa prometedora. A veces se agrega, que los discípulos vivieron en un mundo donde muchas religiones creían en la resurrección. Pero debemos diferenciar bien. Para los griegos y romanos, el cuerpo era la prisión del alma y la muerte libera el alma del cuerpo. Así que la resurrección del cuerpo sería algo indeseado. Y los judíos creían que Dios crearía en el día de juicio un nuevo cielo y una nueva tierra. Él también resucitaría a los justos en aquel día. Pero que la resurrección de un hombre ocurriría antes de la creación de un nuevo cielo y una nueva tierra, era algo inimaginable.[72] Pero los discípulos no esperaron la resurrección.[73]

4) Es altamente improbable que una experiencia subjetiva pudiera inspirar el cambio radical de los discípulos.

5) No explica cómo incluso personas escépticas como Jacobo, llegaran a tener esa "alucinación" (cf. 1 Cor 15:7).

6) ¿Cuál sería el deseo de Pablo, como perseguidor de los cristianos, de ver a Jesús?

7) Además, las alucinaciones no explican la tumba vacía y por ende tampoco el relato del funeral.[74] Alucinaciones de esa índole, solo reflejan algo, que ya sabemos de antemano y no algo completamente nuevo. Como vimos, eso no es aplicable a lo expuesto hasta ahora. Por estas razones, muchos eruditos rechazan esa teoría.[75]

71. Habermas, 2001a.
72. Cf. Keller, 2014, págs. 245-247.
73. Cf. también Keller, 2014, pág. 246. Es importante diferenciar entre resurrección, ascensión y revivificación para subrayar lo dicho. Resurrección es "el levantamiento de una persona muerta en espacio y tiempo del universo a la gloria e inmortalidad". Ascensión es "sacar a alguien físicamente de ese mundo al cielo" (cf. 2 Reyes 2,1-12). Revivificación es "hacer volver a una persona a la vida mortal" (cf. Juan 11,1-44). Cf. Craig, 2010, pág. 256 (traducido por DW).
74. Cf. Craig, 2010, pág. 255. Tampoco dice nada acerca del origen de la fe de los primeros creyentes.
75. Cf. la lista de autores en Habermas, 2001a.

10.4.5 La leyenda de la tumba vacía[76]

Esta teoría dice, que la tumba vacía fue una leyenda posterior que se desarrolló, cuando la gente ya no podía refutarla, porque la ubicación de la tumba se había olvidado. Esa teoría ya existe desde 1835 cuando David Strauss dijo, que los relatos acerca de la muerte y resurrección de Cristo eran legendarios. Pero como hemos demostrado en este último apartado, la historia de la tumba vacía tiene su origen pocos años después de los hechos mismos (1 Cor 15). La esencia del relato está muy bien atestiguada y a una distancia de los hechos que hacen prácticamente imposible la creación de leyendas. Además, las leyendas no pueden explicar el origen de la historia.

Conclusión

La única hipótesis que explica satisfactoriamente la muerte de Cristo, la tumba vacía, las apariciones posteriores y el cambio en los discípulos, es que Dios levantó a Cristo de entre los muertos. Todas las teorías alternativas fallan al tratar de explicar las diferentes evidencias históricas. Cómo dice Craig: "En verdad, con base en la evidencia, [la hipótesis de que Dios resucitó a Jesús de entre los muertos] es la mejor explicación de lo que sucedió."[77] Y esa hipótesis solo necesita de una más: de que Dios existe. Si Dios existe y si existe la posibilidad de milagros, "es posible de que haya actuado en la historia resucitando a Jesús de entre los muertos".[78]

¿Y qué hacemos ahora con eso? Pablo en Hechos 17:16ss. se encuentra predicando en Atenas sobre el Areópago. Entre otras cosas también habla de que Dios resucitó a Jesús de entre los muertos, lo cual tiene pruebas (1 Cor 17:31). Y cuando le oyeron hablar de la resurrección de los muertos (v. 32) se forman tres grupos de oyentes, con tres respuestas diferentes a lo oído. 1) Unos se burlan de Pablo y su mensaje. 2) Otros aplazan la respuesta para otro día ("te escucharemos otra vez). Y 3) los demás se unieron a él y creyeron (v. 34). Cada uno tiene estas tres opciones para reaccionar a lo expuesto: se puede burlar del mensaje acerca de la resurrección diciendo que científicamente es imposible. Puede aplazar una decisión o puede creer que realmente Dios resucitó a Jesús de entre los muertos. Y entonces es importante recordar las palabras de Timothy Keller que a veces se encuentra con personas a quienes no les gusta cierta enseñanza de Jesús. El suele decirles, alegando a 1 Cor 15:32: "Si Jesús resucitó de los muertos,

---

76. Cf. Strobel, 2014, pág. 257.
77. Strobel, 2014, pág. 258 (traducido por DW).
78. Strobel, 2014, pág. 258 (traducido por DW).

tenemos que aceptar todo, lo que Él enseñó y si no resucitó, no necesitamos preocuparnos por lo que Él enseñó. El punto central no es, si nos gustan sus enseñanzas o no, sino si resucitó de los muertos o no."[79]

Bibliografía

Bruce, F. F. (2007). *Ausserbiblische Zeugnisse über Jesus und das frühe Christentum einschließlich des apokryphen Judasevangeliums* (5. ed.). Gießen: Brunnen.

Craig, W. L. (2010). *On Guard. Defendig Your Faith with Reason and Precision.* Colorado: David C. Cook.

Craig, W. L. (2017). *Fe Razonable. Apologética y Veracidad Cristiana* (J. Ostos, Trans.). Oregón: Kerigma.

Geisler, N. L. (2012). *The Big Book of Cristian Apologetics: an A to Z guide.* Grand Rapids: Baker.

Habermas, G. R. (2001a). Why I Believe the Miracles of Jesus Actually Happened. En N. L. Geisler & P. K. Hoffman (Eds.), *Why I Am a Christian. Leading Thinkers Explain why they Believe (versión PDF).* Grand Rapids: Baker Books.

Habermas, G. R. (2001b). Why I Believe the New Testament Is Historically Reliable. En N. L. Geisler & P. K. Hoffman (Eds.), *Why I Am a Christian. Leading Thinkers Explain why they Believe (versión PDF).* Grand Rapids: Baker Books.

Hartl, J. (productor). (2016, 25 de abril 2017). Die Auferstehung Jesu als historische Tatsache (Teil 1-3). [Video] obtenido de https://www.youtube.com/watch?v=r7YJOBtnK5w.

Keller, T. (2014). *Warum Gott? Vernünftiger Glaube oder Irrlicht der Menschheit?* Basel: Brunnen.

McDowell, J. (2004). *Nueva evidencia que demanda un verdícto* (F. Almanza, H. Casanova, J. T. Poe, & R. Zorzoli, Trans.). El Paso: Mundo Hispano.

Spieß, J. *Ist das Neue Testament vertrauenswürdig? Die Auferstehung von Jesus Christus aus der Sicht eines Historikers.* Institut für Glaube und Wissenschaft. Marburg.

Strobel, L. (2014). *El caso de Cristo. Una investigación personal de un periodista de la evidencia de Jesús* (L. Loguzzo, Trans.). Miami, Florida: Editorial Vida.

79. Keller, 2014, pág. 240 (traducido por DW).

Stuhlmacher, P. (2005). *Biblische Theologie des Neuen Testaments. Band 1: Grundlegung. Von Jesus zu Paulus* (3. ed. Vol. 1). Göttingen: Vandenhoeck & Ruprecht.

Thiessen, J. (2009). *Die Auferstehung Jesu in der Kontroverse: Hermeneutisch-exegetische und theologische Überlegungen*. Zürich: Lit Verlag.

von Siebenthal, H. (2011). *Griechische Grammatik zum Neuen Testament*. Gießen: Brunnen.

Ware, J. (2014). The Resurrection of Jesus in the Pre-Pauline Formula of 1 Cor 15.3–5. *NTS, 60*(4), 475–498.

Wright, N. T. (2008). *La resurrección del Hijo de Dios. Los orígenes cristianos y la cuestión de Dios* (J. P. T. Abadía, A. Risco, & B. M. Risco, Trans.). Navarra: Verbo Divino.